VENDRE LE LUXE

Groupe Eyrolles
61, bd Saint-Germain
75240 Paris Cedex 05
www.editions-eyrolles.com

ISBN : 978-2-212-56674-1

René Moulinier Francis Srun

VENDRE LE LUXE

Techniques et psychologie pour une vente (plus) efficace

Deuxième édition

EYROLLES

Ouvrages de René Moulinier

– Aux éditions Eyrolles

Les Techniques de la vente (Prix DCF)

Vendre aux grands Comptes

Les Entretiens de vente

Vendre pour la première fois

Prospection commerciale, stratégie et tactiques

L'Écoute, atout maître de la vente (avec Leila Hadgé et Hélène Nguyen)

Comportements de vente (avec Jean L. Lehmann)

Tactiques de vente gagnantes

Optimisez vos visites commerciales (les tournées des vendeurs)

L'Efficacité du commercial, les 14 clés de la réussite (Prix DCF)

Manager les vendeurs

Le Livre du chef des ventes

Le Recrutement des commerciaux (avec Florian Mantione)

Pilotez votre carrière

Mener une réunion efficace

Former pour la première fois

– Chez d'autres éditeurs

Guide du savoir-vivre des affaires (Chiron Éditeur)

Le Savoir-vendre de l'auto-entrepreneur (avec Nathalie Moulinier) (Chiron Éditeur)

L'Art de la vente (Chiron Éditeur)

Dictionnaire de la vente (Vuibert)

Guide des 100 conseils malins pour entreprendre (avec Nathalie Moulinier) (Chiron Éditeur)

Guide des 100 règles d'or du savoir-vivre dans les affaires (Chiron Éditeur)

Techniche e Psicologia della Vendita (avec Carlo Rotondi) (Rizzoli Libri)

Guidare una Forza di Vendita (avec Carlo Rotondi et Giancarlo Morganti) (Rizzoli Libri)

La Valutazione dei Collaboratori (avec Carlo Rotondi et Giancarlo Morganti) (Rizzoli Libri)

– Livres numériques

Vendre avec succès (Les Trois Cyprès)

Comment rater vos ventes (avec Sophie-Charlotte Moulinier, illustré par Mick) (Les Trois Cyprès)

Réussir vos entretiens de vente (Les Trois Cyprès)

Sommaire

Les auteurs

René Moulinier

Diplômé de l'Institut d'études politiques de Paris et de l'École supérieure de commerce de Marseille ; formateur et auteur de nombreux livres et best-sellers sur la vente, l'efficacité commerciale et le management des vendeurs.

rene.moulinier6@gmail.com

Francis Srun

Diplômé de l'École supérieure de commerce de Bordeaux ; certifié formateur professionnel (brevet fédéral suisse). Précédemment Directeur Général Asie-Pacifique pour la Maison de haute joaillerie française Boucheron et Directeur international détail de Piaget, l'une des plus prestigieuses Maisons de haute horlogerie suisse, Francis Srun est un spécialiste reconnu de la vente des produits de luxe fort d'une grande expérience internationale, dont quinze années en Asie. Il anime aujourd'hui, à Hong Kong, son cabinet d'efficacité commerciale RETAIL Performance, dédié à la compétence des équipes de vente en boutique à travers le conseil, la formation et le coaching.

francis.srun@icloud.com

Présentation

La liste des entreprises qui vendent des produits de luxe est impressionnante, spécialement si, au-delà des entreprises auxquelles on songe spontanément quand on évoque le luxe, celles de la joaillerie, de la haute horlogerie, de l'orfèvrerie, des arts de la table, des parfums, de la haute couture, de la maroquinerie haut de gamme, des vins et des spiritueux, on ajoute l'immobilier de prestige, les bateaux de plaisance et les voitures d'exception.

Le secteur industriel du luxe en France est né assez récemment du passage d'une logique artisanale et familiale, celle des «Maisons», dont certaines sont plus que centenaires, à une logique industrielle et financière. En quelques décennies, le secteur du luxe s'est considérablement transformé. Il représente aujourd'hui un marché mondial dont la croissance est particulièrement vigoureuse. La part de l'industrie européenne, du fait de son ancienneté et de sa tradition, compte en valeur pour environ trois quarts, la France occupant de loin la première place. Fort de ce potentiel, le luxe est non seulement une vitrine pour la France dans le monde, mais également créateur de richesses. Particulièrement tourné vers l'extérieur, il exerce un effet d'entraînement positif sur de nombreux autres secteurs.

Concernant la création et la vente mondiales de produits de luxe, la France occupe la première place, loin devant l'Italie ou les États-Unis. Le secteur du luxe se singularise par un certain nombre de caractéristiques propres, notamment la politique tarifaire, la distribution et le comportement des consommateurs. Ainsi, si les prix des marques de luxe sont en moyenne environ quatre fois plus élevés que ceux des produits de grande consommation, la sensibilité par rapport au prix demeure forte. Par ailleurs, les opérations commerciales de lancement de nouveaux produits et la qualité du service à la clientèle y jouent un rôle particulièrement important.

Malgré la crise économique, le secteur du luxe a poursuivi son expansion de long terme. Le luxe joue un rôle particulier dans nos sociétés : d'une part, il fait rêver ; d'autre part, il permet de se distinguer socialement. La récession n'a pas provoqué de changement de paradigme pour cette industrie. Les véritables mutations interviennent sur des cycles beaucoup plus longs, voire à la suite de ruptures historiques.

Sur le plan économique, ces entreprises emploient des personnels nombreux, constituent des poids lourds de l'exportation, et leur chiffre d'affaires est loin d'être négligeable dans l'économie du pays.

Or, il est surprenant qu'aucun auteur, jusqu'à présent, ne se soit intéressé aux conseils techniques et comportementaux dont ont besoin les très nombreuses personnes qui travaillent dans ces secteurs au contact avec des clientèles souvent particulièrement fortunées.

Peut-être s'est-on dit que le mode de recrutement, la sélection du personnel de vente de ces marques prestigieuses, en favorisant l'entrée de personnes bien éduquées, ne rendait pas nécessaires des formations commerciales — et les ouvrages qui les véhiculent — aux techniques et aux comportements favorisant les performances de vente. Que cela allait de soi. Peut-être, aussi certains dirigeants, illusionnés par le prestige de leur marque, et par, l'indéniable très haute qualité des produits qu'elle abrite, estiment-ils que les articles proposés à la clientèle se vendent tout seuls et qu'il ne sert à rien de changer quoi que ce soit à l'état des choses existant.

Cependant, les auteurs de cet ouvrage, forts d'une longue expérience de formation et de management des personnels d'entreprises des secteurs du luxe, savent bien que des progrès peuvent être accomplis dans le domaine de la vente et de la relation avec la clientèle.

On ne s'adresse pas à ces vendeurs comme à leurs homologues des autres métiers de la vente, en ceci que ceux-ci se considèrent comme une élite exerçant leur métier au sein d'un milieu privilégié. Sur le plan de la formation et du conseil, ces personnes attendent une approche et des méthodes qui tiennent compte du milieu dans lequel elles évoluent et que ne sauraient satisfaire les techniques de base de la vente. Il convient donc de leur inculquer la même méthode, mais avec un langage différent. Il s'agit de faire appel à leur intelligence de la vente et à leur expérience pour qu'ils y glissent les éléments de méthode et les conseils que contient l'ouvrage. Il s'agit surtout, à travers les façons d'agir de ces vendeurs, qu'ils représentent les savoir-faire et le style français.

Avec cet état d'esprit, nous avons, un moment, envisagé de sous-titrer notre ouvrage «Pour un style français de vente», pour faire référence aux bons usages de la grande société française des siècles passés. Mais la réputation des personnels de vente, parfois à juste titre critiquée, notamment dans le domaine du luxe, nous a dissuadés d'en faire un modèle. Pourtant, on pourrait aisément envisager qu'en France, au moins dans la vente du luxe, on retrouve les caractéristiques d'un certain art de vivre hexagonal avec ses constituants de raffinement et de courtoisie. Faut-il rappeler que la courtoisie signifie l'attention à l'autre, l'intérêt porté à sa personne, le respect de son intégrité, les dispositions prises pour le mettre à l'aise et lui rendre la vie agréable, autant de caractéristiques de ce qui est attendu d'un conseiller de vente dans sa relation avec la personne du client?

Nous avons choisi d'utiliser dans cet ouvrage le terme «conseiller» pour désigner les vendeurs en boutiques et magasins de luxe. Un conseiller est un homme d'influence et sa position aux grands siècles de notre histoire était des plus élevée. Nous l'avons préféré au mot «vendeur» parce que, dans l'esprit du grand public, hélas pour cette indispensable corporation, ce métier est considéré comme subalterne (ce qu'il n'est évidemment pas : que deviendraient les entreprises si elles n'étaient pas portées par l'action de leurs forces de vente?). Déjà, du reste, les vendeurs eux-mêmes préfèrent être appelés «commerciaux», «attachés» ou «délégués commerciaux», «chargés de relation commerciale», «directeurs de clientèle», etc.

Une certaine Maison que nous connaissons qualifie d'«ambassadeur» le personnel chargé de la vente dans ses magasins. Cette appellation est intéressante si l'on considère qu'on attend du titulaire de cette fonction des qualités d'écoute, de dialogue, de respect de l'interlocuteur, d'ouverture d'esprit, de sens de la conciliation, de bonnes capacités d'adaptation et d'influence subtile auprès de personnages variés et de représentation exemplaire de la Maison qui l'emploie. Mais ne retrouve-t-on pas dans cette description les qualités espérées de tout conseiller : un allié qui influence son client pour son bien?

La première édition de ce livre a reçu un accueil favorable et nous avons eu grand plaisir à correspondre avec de nombreux conseillers de vente. Pour cette deuxième édition, nous voulons apporter quelques réponses supplémentaires aux questions reçues de nos lectrices et lecteurs, notamment portant sur le numérique et l'expérience client — des thèmes que nous développons donc plus en profondeur ici. Notre ambition reste celle d'apporter à nos lecteurs les clés indispensables à la réussite de la vente de créations de luxe.

Chapitre 1

Vous, conseiller de clientèle

Vous le savez bien, vous qui exercez déjà cette profession, et vous qui envisagez d'y entrer, la vente des produits de luxe à des particuliers est un véritable métier. Si la bonne éducation que vous pouvez avoir reçue est un atout (nous traitons de cette question dans le chapitre suivant), elle ne suffit pas à faire de vous le professionnel attendu par vos clients. À cet égard, il est utile de rappeler les multiples rôles que comporte votre métier.

— Rôle d'information : dans une société surinformée (on peut savoir tout sur tout), de distribution généralisée (on peut acheter de tout), le bon vendeur est celui qui continue, voire parvient, malgré tout, à apporter de véritables informations aux clients.

— Rôle de conseil : il nous semble qu'il devient de plus en plus un conseiller personnel. Dans la masse d'informations disponibles sur le marché, le client a besoin d'une orientation, de conseils adaptés à lui, et non aux autres. Il fera la synthèse : produit, client. Vous le savez, on n'achète pas les produits de luxe sur Internet, ou très peu.

— Rôle de lien social : dans son métier de commerçant, il contribue à favoriser cet échange. Vendre, c'est amener le client à un échange, à sa satisfaction, sans le léser.

— Rôle économique : pour le client, le conseiller est là pour lui vendre quelque chose ; cela veut dire qu'il a nécessairement, ne serait-ce que par réflexe de défense naturelle, tendance à se méfier, afin de conserver toute latitude à sa décision. En somme, le conseiller veut vendre et le client veut choisir :

- vous êtes intéressé par son argent, alors qu'il souhaite acheter au mieux ;
- vous voulez conclure, alors qu'il souhaite prendre son temps pour comparer.

La compétence du conseiller

Souvent, les vendeurs ont, dans l'opinion publique, l'image du beau parleur, qui arrive à vendre n'importe quoi, à n'importe qui. Or, la vente de produits de luxe est avant tout un acte réfléchi.

La compétence dans la vente aux particuliers pourrait se définir comme la capacité à réussir ses ventes, quelle que soit la situation. Ainsi, un bon conseiller est capable de vendre plus qu'un autre conseiller — la chance n'y est, la plupart du temps, pour rien... La vente n'est pas une question de recettes : chaque situation de vente exige du conseiller la mise en œuvre de nombreuses capacités pour la conclure.

Un témoignage de compétence technique[1]

« J'ai entendu parler d'un excellent vendeur – on le dit le meilleur pour une marque de voitures de luxe. J'ai décidé d'effectuer une visite mystère, pour rencontrer ce vendeur. Après un très aimable accueil, ce dernier commence par me parler de la performance de la voiture de luxe que je regarde. Ne connaissant pas grand-chose à la mécanique, je l'avoue au vendeur. Avec un grand sourire, il me confie qu'il n'est pas non plus un grand expert et que de nombreux clients sont comme moi, des amateurs éclairés sans être des fous de mécanique. Je lui demande alors comment il s'y prend pour vendre à des clients experts en mécanique et qui en savent beaucoup plus que lui sur le sujet. Avec calme, il m'explique qu'il suffit d'être assez perspicace pour le voir de suite, assez humble pour l'accepter et assez intelligent pour en profiter ! »

Caractéristiques des meilleurs conseillers

Si les bons conseillers sont très nombreux, les meilleurs partagent un certain nombre de caractéristiques communes : ouverts, plaisants, charmeurs, rapides et souriants...

---

1. Témoignage de Francis Srun.

■ **Extraversion**

Ce mot n'est pas toujours perçu positivement. L'extraversion véhicule une dimension d'exposition de soi pour que l'autre se livre à son tour. En somme, on fait entrer le client dans le raisonnement suivant : *« S'il me dit qui il est, je peux à mon tour dire qui je suis. »*

Les Anglo-Saxons vivent tout à fait ce dispositif relationnel quand ils s'adressent à un interlocuteur jusqu'à présent inconnu en lui proposant : *« May I introduce myself ? »* (expression fort mal traduite en français, comme en témoignent toutes les vendeuses en télémarketing quand elles commencent leur entretien de vente par : *« Je me présente »*), qu'il faut comprendre par : *« Me permettez-vous de vous parler de moi ? »*

Ceci revient à parler de soi, en gardant à l'esprit que *« Je me donne à l'autre tout en restant moi-même »*. Nous préférons à cet égard l'adjectif anglais *« outgoing »* au mot « extraverti ». Ce qui signifie que l'on parle d'une personne qui va vers les autres, vers l'extérieur, qui a une grande facilité pour aller vers autrui, qui aime établir des contacts avec son entourage, même s'il n'est pas particulièrement proche, et qui exprime aisément ses sentiments.

Les conseillers introvertis parlent moins. Et les meilleurs ont une grande capacité d'écoute, et savent réagir peu, mais toujours de façon juste.

Le bon conseiller est apte à prendre des initiatives relationnelles.

■ **Envie de plaire**

Corollaire et complémentaire de l'extraversion, les bons conseillers veulent donner du plaisir à leurs clients, mieux, à tous les visiteurs, clients ou non. Lorsqu'on demande aux meilleurs conseillers ce qui leur plaît dans leur quotidien, la relation avec les clients vient toujours en premier. Les meilleurs conseillers ne sont pas simplement des « bêtes de la vente » : ce sont souvent ceux qui trouvent avant tout du plaisir dans une relation agréable avec tous les clients.

■ **Charme**

Mieux que séducteurs, les meilleurs conseillers ont du charme. Ici, il faut apporter une précision : certains, conscients de cet atout, l'utilisent pour leur seule satisfaction, comme élément de séduction à leur seul avantage.

Nous ne retenons l'idée de charme que dans la seule mesure où il est tourné vers l'autre. Le charme est ce qui se dégage d'une personne, qui donne envie aux autres d'aller vers elle. C'est une capacité d'attraction, désintéressée, généreuse, pleine de finesse, délicate. Dans le domaine du luxe, le conseiller se vend autant qu'il vend la marque et le produit. Le conseiller incarne en quelque sorte la marque pour laquelle il travaille. Il est l'ambassadeur de sa Maison de luxe. Et, ne l'oublions pas, face aux touristes, il est également celui de la France. Ainsi, il est nécessairement agréable, charmant.

■ Générosité

Nous recommandons souvent à tous les vendeurs au contact avec des clients particuliers de donner généreusement, ce qui ne coûte rien. L'être humain résiste mal au bien qu'on lui fait. Songez que plus vous faites de bien à un client, plus il se sent votre obligé. Bien sûr, soyez aussi sincère que possible ; il ne faut pas que votre générosité sente le calcul ! La générosité du cœur, spontanée, est si rare de nos jours.

En présence d'un client, ne pensez pas immédiatement à la vente, au chiffre d'affaires que cela peut représenter. Souciez-vous d'abord de mettre à l'aise votre visiteur, pensez au plaisir que lui procure votre attention. Faites apparaître un personnage désintéressé, davantage préoccupé par l'échange, si possible par la complicité, le plaisir de la relation.

En agissant ainsi, vous semez pour le futur. Même s'il n'a pas acheté, votre client retiendra l'ambiance agréable qui a présidé à sa visite, ce qui lui donnera l'envie de revenir dès que l'occasion se présentera.

Le plaisir que vous donnez à votre client est d'autant plus grand qu'il est inattendu et personnel. Nous pouvons ici nous inspirer des meilleures pratiques de l'hôtellerie de luxe. Le véritable service n'est jamais l'attendu (la propreté des chambres par exemple), mais l'inattendu.

Un récit de service inattendu : le vrai luxe[1]

« À Bangkok en Thaïlande, je demande au concierge s'il m'est possible de trouver des magazines français... Le concierge me demande la liste des magazines souhaités et me dit qu'il va partir à leur recherche et m'informera de la disponibilité des titres. Revenant à l'hôtel, j'ai le plaisir de trouver trois magazines offerts, accompagnés d'une carte de compliment, sur laquelle je lis, écrit en français, "Bonne lecture, Monsieur". Je rencontre le directeur et le félicite pour ce service rendu. Ce dernier, avec un sourire, m'explique son secret. Chaque employé de l'hôtel dispose d'une avance en argent, destinée à faire plaisir au client face aux demandes, en prenant des initiatives. Les meilleurs services ne sont pas les plus coûteux, me dit-il, mais les plus inattendus et immédiats. »

La générosité est agréable aux autres, mais elle l'est également pour celui qui la pratique. Observez le sentiment de satisfaction et de plénitude que vous éprouvez après avoir effectué un acte désintéressé utile aux autres. Appliquez cette qualité française, hélas oubliée de beaucoup, à vos clients : elle est l'essence même de l'esprit du luxe.

■ Fierté

Un conseiller doit savoir se passionner pour les produits et la marque qu'il vend. Il ne peut se comporter comme un mercenaire qui se vend successivement à plusieurs maîtres. Nous l'avons déjà écrit : tout en restant lui-même, il représente à lui seul, aux yeux de chaque client, toute la Maison pour laquelle il travaille. *« J'aime ce que je vends et j'en suis fier ! »*, nous disait récemment un conseiller travaillant de longue date pour une marque prestigieuse, reflétant un sentiment largement partagé par ses pairs. Cette fierté l'encouragera à davantage s'informer sur son entreprise, ses produits et son secteur. La passion est nécessaire, pour parler avec amour de ses produits.

■ Vivacité d'esprit

La vente se fait en un temps relativement court — et souvent, les conseillers n'ont pas une seconde chance pour vendre... Il faut donc être très alerte — pour saisir les attentes du client, y répondre —, trouver les bons

---

1. *Ibid.*

mots, les arguments... Cela explique l'importance de l'expérience et de la formation sous la forme de coaching *« drill »*[1] que nous recommandons. Il s'agit alors de se mettre en situation de vente, apprendre par des jeux de rôles, se préparer aux objections et aux doutes des clients.

Et si l'on se rappelait ce qu'on attend de vous, ce en quoi consiste fondamentalement votre rôle ? Il s'agit bien pour vous de vous intéresser à la personne de votre interlocuteur, pour le comprendre et pour lui apporter les informations nécessaires, lui faire ressentir toute la magie de votre univers. À cet effet, il vous est demandé de lui donner largement la parole, puis de l'écouter avec la plus grande attention. N'oubliez pas que tout conseiller est un personnage utile pour ses clients, ne serait-ce que par l'information qu'il leur apporte.

■ Capacité de se fondre dans son environnement

Le conseiller doit être capable de ressembler à la marque, aux produits et au secteur de son métier. Cela non seulement à travers l'apparence vestimentaire, qui n'est que de surface, mais également en s'intégrant culturellement, donc plus en profondeur, dans l'esprit de la Maison à laquelle il appartient. Aux yeux de vos clients, vous représentez toute la Maison qui vous emploie, le secteur et le type de produit que vous vendez.

Le conseiller incarne la Maison qu'il représente

■ Capacité à se mettre au diapason de son client

Il y a là une qualité fondamentale de recherche de la compréhension du client. Cette compréhension vous fait en quelque sorte sortir de vous-même pour entrer dans le mode de pensée et de raisonnement du client, ce qu'on nomme « empathie », et qui apporte un grand plaisir à celui-ci, car se sentant de plain-pied avec vous, ses défenses et ses réticences finissent par s'effacer. En apparence, « vos clients vous ressemblent », mais en réalité, c'est votre recherche d'harmonie avec leurs sentiments qui les amène à penser ainsi.

■ La confiance en soi, clé du charme du conseiller

La première condition du charme est la confiance en soi du conseiller, qui permet à celui-ci de rassurer le client et de créer une atmosphère détendue. Personne ne souhaite avoir affaire à des personnes mal dans leur peau,

---

1. Répétition des gestes afin d'acquérir des réflexes.

encore moins le client. N'oublions pas que le conseiller est aussi perçu, par certains clients, comme un simple intermédiaire entre lui et le produit recherché : il s'agit de favoriser l'accès aux produits, le plus agréablement possible. Le charme du conseiller rassure le client, qui sait qu'il a un interlocuteur agréable, premier signe de grand professionnalisme.

Votre sourire sincère, votre volonté d'aider le client, sont des vecteurs de l'aspect séduisant de votre personne.

Le processus de séduction ne peut pas être l'exercice égocentrique qu'on voit dans de nombreuses boutiques. Il ne s'agit pas de chercher à impressionner par son charme, son charisme, ses vêtements ou encore sa gestuelle. Il s'agit de tout mettre en œuvre pour mettre en confiance le client, établir cette relation humaine.

La générosité est omniprésente : on ne séduit que si l'on est capable de faire plaisir à l'autre.

Le conseiller et la séduction

Les facettes de la séduction sont multiples, allant de la subornation (avec son acception de corruption, de tromperie, d'égarement, voire de débauche) à la conquête des esprits par une sorte de domination, en passant par le simple résultat d'une attraction irrésistible, obtenue sans créer ni entretenir d'illusion dans le respect du libre arbitre de la personne séduite. C'est à cette dernière signification que nous nous attachons évidemment. Nous allons scruter les facteurs constitutifs de votre charme — aussi bien masculin que féminin — c'est-à-dire les aspects plaisants qui émanent de votre personne et qu'il est en votre pouvoir d'insérer dans votre jeu relationnel, s'ils sont absents, ou d'accentuer (sans excès), si vous les possédez déjà. Certains sont évoqués dans le présent chapitre :

- *l'aspect avenant de votre visage, votre regard direct, mais sans insistance, votre sourire ;*
- *votre courtoisie, votre bonne éducation, c'est-à-dire votre attention à autrui, vos attentions, votre prévenance, votre délicatesse envers l'autre ;*
- *votre vivacité, votre réactivité ;*
- *votre intelligence des situations rencontrées par votre client, votre compréhension des contextes techniques, économiques, financiers de votre négociation ;*

- *votre éthique : votre sens moral vous rend digne de confiance ;*
- *votre loyauté : vous tenez parole ;*
- *votre sincérité : on peut vous croire sur parole ;*
- *la qualité de votre expression verbale ;*
- *la souplesse de votre démarche de négociation.*

Tour à tour, nous vous proposerons dans les chapitres qui suivent quelques considérations sur votre expression physique (attitude corporelle, visage, gestuelle) et vos vêtements, car ces éléments contribuent à renforcer, ou parfois si l'on n'y prend garde, à amoindrir ce qui émane de votre personne.

Votre **comportement physique** se remarque par votre **attitude** debout, signe de bonne santé, d'énergie et d'allant, et par votre démarche décidée, souple et légère.

Votre **tenue** est adaptée à ce qu'attend votre interlocuteur ; elle est fonctionnelle en raison du lieu, du climat et des circonstances de l'entretien (voir le chapitre 4).

Votre **visage** est avenant, votre **sourire** illumine votre visage et encourage à la réciprocité, et votre **regard** droit, sans insistance déplacée, allant à la rencontre des yeux de votre interlocuteur, vous affirme comme un partenaire avec lequel il faut compter (voir les chapitres 5 et 6).

Votre **voix**, votre façon d'**introduire la conversation de vente** (indicateur qui révèle le négociateur chevronné, mais aussi le vendeur timide et embarrassé), le **ton** que vous imprimez à la négociation de vente, votre **langage**, révélateur de la classe d'un individu, sont abordés dans le chapitre 7 « Voix et langage, signes de votre distinction ».

Votre comportement **courtois** est, si l'on y réfléchit bien, l'expression d'une force contenue, d'un grand effet sur vos interlocuteurs (voir le chapitre 2).

De la séduction
comme arme ou comme aveu de faiblesse?

Penser un seul instant que, parce qu'on est une femme belle et séduisante – et, ajouterait Jean de La Fontaine, «je sais sur ce point nombre d'hommes qui sont femmes» –, aucun acheteur ne nous résistera, c'est faire peu de cas des qualités demandées au conseiller pour créer, entretenir et dévelop- per une clientèle : connaissance de ses clients (les identifier, les reconnaître, comprendre leur psychologie), organisation des activités et des rendez-vous, un peu d'administration, préparation des tactiques propres à chacun des entretiens, conduite rigoureuse des négociations.

Aimer son client

Lors des formations en France, lorsque nous parlons de la nécessité d'aimer son client, nous recevons souvent en réaction un sourire amusé, voire par- fois un regard incrédule, sinon un rictus... Alors qu'au Japon, les vendeurs expriment toute leur approbation, par un silence respectueux.

Le respect du client japonais[1]

«Au Japon, j'ai fait la rencontre d'une directrice de boutique de luxe, qui m'a fait part de la manière de raccompagner le client. Elle fixe ainsi ces quelques règles à son équipe :

1. ne pas raccompagner le client à la porte s'il n'a pas acheté.

2. toujours raccompagner le client jusqu'à la porte avec son achat et ne le lui remettre qu'au moment où il quitte la boutique. Il faudra ensuite ne pas le quitter des yeux, jusqu'à ce qu'il soit hors de vue...

Lorsque je lui ai posé la question de la raison de ce traitement inégal, la directrice m'a simplement expliqué qu'on n'accompagnait pas le client qui n'a pas acheté, pour ne pas le mettre mal à l'aise ! Ingénument, je lui ai aussi demandé pourquoi il fallait regarder encore le client alors qu'il était déjà sorti et ne voyait plus, de toute façon, le vendeur ? La directrice m'a répondu qu'au-delà du respect du client, il s'agissait de montrer à ce dernier combien on le regrettait ! Et, avec un sourire, elle m'a précisé que, parfois, certains clients se retournaient, pour voir si le vendeur se trouvait encore à la porte de la boutique !»

---

1. Témoignage de Francis Srun.

■ Être bienveillant

La bienveillance désigne cette attitude du conseiller à vouloir le bien du client, à veiller à son bien-être. Mieux qu'une attitude positive, il s'agit pour le conseiller bienveillant de savoir prendre des initiatives désintéressées. Cette bienveillance est ressentie par le client : il se sent en sécurité, dans une *situation de confort*.

■ La générosité et le plaisir au cœur de la relation : de l'achat à la vente

L'achat est toujours un achat de plaisir dans le domaine du luxe : se faire plaisir, faire plaisir. Le client prend le temps, s'accorde un moment de détente, dans une vie professionnelle éreintante. Il est en droit de vivre un moment agréable, avec ou sans achat. Toutes les marques investissent dans l'expérience du client en boutique. Plus qu'un article vendu, c'est toute la marque qui se consolide à travers une expérience réussie en boutique.

La vente peut être également pour le conseiller une activité plaisante. Le plaisir d'une rencontre, de pouvoir se rendre utile dépasse, voire dissimule, la satisfaction de la vente et d'avoir des clients conquis. En donnant du plaisir, le conseiller se donne du plaisir. Vendre, ce n'est pas un simple acte économique, c'est le résultat d'une rencontre qui a abouti. S'agissant des produits de luxe, c'est la concrétisation d'un petit moment de bonheur. Le meilleur service qu'un conseiller puisse rendre à un client est que ce dernier achète. En effet, c'est seulement si le client a acheté qu'il a pleinement profité de la rencontre.

■ Protéger son client

Ce qui caractérise un ami ou une amie véritable, et qui le distingue de vos autres relations, c'est la confiance absolue que vous avez en cette personne. L'ami sincère n'hésite pas à vous dire la vérité, sans doute avec précaution, pour être de bon conseil, et non par esprit de complaisance. Avec lui ou elle, vous vous sentez en sécurité. Ainsi doit-il en être dans votre relation avec votre client. C'est le protéger que lui expliquer ce qu'il faut faire pour éviter d'éventuels problèmes lors de l'utilisation du produit, surtout s'il s'agit d'un touriste que vous ne reverrez peut-être jamais.

Votre client est votre invité

Paris sera toujours Paris : avec bonheur, la capitale française accueille encore le monde venant admirer cette ville qui fait toujours rêver. La douce France peut faire peur, et la sécurité parfois dissuade les touristes d'y faire un tour. En boutique soyez par conséquent conscient de cette inquiétude, hélas légitime. Proposez-leur un sur-sac pour rendre un achat prestigieux plus discret. Rassurez-les en proposant un service de taxi ou, encore mieux, une voiture de la Maison pour les ramener à leur hôtel. Ou simplement proposez à vos clients de porter leurs achats directement à l'hôtel. Enfin, accompagnez-les toujours à leur voiture.

■ Vous, une belle personne

Un ou une conseillère de vente est une belle personne : agréable dans l'apparence, généreuse de caractère. C'est souvent une véritable personna-lité. La distinction se cultive : à vous de savoir faire les efforts nécessaires. C'est enfin un professionnel digne de représenter la Maison pour laquelle il travaille. Le luxe se mérite et vous, conseiller de vente, le savez bien.

Un vendeur est un porteur de symboles

Chapitre 2

Les effets attendus d'une bonne éducation

«La gentillesse est une qualité de l'intelligence» Voltaire

Vous êtes bien conscient d'appartenir à une élite parmi l'immense population des vendeurs. Nous l'écrivons moins pour vous flatter que pour rappeler que cette qualité exige de vous un comportement en harmonie avec celui de vos clients les plus exigeants, conscients que leur richesse leur permet d'attendre de leurs conseillers une excellente éducation, ou à tout le moins les apparences d'une bonne éducation. Le présent chapitre poursuit et complète le précédent qui vous était déjà consacré.

Les mots qui décrivent la bonne éducation

Vous ne manquerez pas d'être surpris par le nombre de qualificatifs qui définissent la bonne éducation et, en même temps, vous vous direz que personne au monde ne correspond exactement au personnage ainsi qualifié.

En effet, être aimable, agréable, délicat, simple, disponible, accessible (à l'opposé de celui qui se protège par de multiples barrages), sensible et attentif à autrui, affable, amène, soucieux du bien-être de ses semblables, voire serviable, complaisant, obligeant, civil, c'est-à-dire observant les usages de la bonne société, raffiné, policé, bien élevé, observant les convenances, retenu, pudique, discret (mais pas effacé), réservé, respectueux de l'autre, à l'écoute, prévenant, digne (le contraire d'obséquieux), voire distingué, poli, à tout le moins correct, tient de la gageure : mission impossible, personne n'est ainsi ! Pourtant, cette personne existe, nous l'avons rencontrée. On la nomme une personne *distinguée*, tels ces personnages qui, outre-Manche, sont appelés «*gentleman*»[1] ou «*lady*».

La courtoisie est l'expression d'une force contenue

En réalité, si vous reprenez la liste des adjectifs qui qualifient ce *gentleman*, probablement bien incomplète, vous observerez qu'elle décrit des comportements, non des caractères. Ce sont les aspects extérieurs de votre manifestation à l'autre qui sont ainsi énoncés. La manière d'être de ce personnage bien élevé est faite d'attention envers les autres, indistinctement, quels que soient leur rang et leur fonction. Et finalement, si l'on veut entrer dans le jeu du savoir-vivre en société, c'est en quelque sorte le vêtement que vous allez revêtir pour améliorer votre relation sociale.

Cependant, il ne suffit pas d'endosser des comportements signes de politesse. Encore faut-il que les bonnes manières soient inspirées par une attitude de bienveillance et de respect des autres. On peut écrire que la politesse se fonde sur des sentiments d'amitié humaine et, en conséquence, sur la crainte de blesser ou d'offenser autrui. La politesse est une qualité hautement civilisée. Le *gentleman* se caractérise par une courtoisie empreinte de bienveillance, de modestie et peut-être même de générosité.

Vous comporter ainsi retentira peut-être à la longue sur ce que vous êtes ; nous ne pensons pas que vous ayez à le regretter, car vous vous serez offert une merveilleuse réputation au profit de l'exercice de votre métier et sans doute de votre ascension dans les positions de responsabilité.

En outre, et nous ne le répéterons jamais assez, un vendeur agréable aux autres est plus heureux dans son quotidien professionnel. N'en concluez pas que cet homme, ou cette femme, bien élevé est un être inconsistant. En effet, on assimile souvent à tort le personnage faisant montre de la meilleure éducation à un être sans grande personnalité, ni force de caractère, car l'on confond l'apparence un peu lisse liée au bon usage avec un manque de conviction intérieure.

---

1. «*Ce qui caractérise le* gentleman, *c'est la réserve. Comme l'élégance, la politesse doit passer inaperçue. Cette réserve prend sa source dans une grande maîtrise de soi. "Ne vous livrez jamais" et "ne blessez jamais personne" sont deux des maximes qui dictent sa conduite. Maîtrise de soi et tolérance engendrent le code du fair-play*» Jean Dulck, professeur de littérature et de civilisation anglaises, *in* «Barrage contre la violence», *La Politesse*, Dhoquois-Cohen, R., (dir.), Autrement, 1991.

La politesse est une qualité hautement civilisée

Ce comportement relationnel n'altère en rien les caractéristiques de volonté, d'ambition, de conquête, d'intelligence, de détermination, de courage et autres qui sont vos moteurs professionnels fondamentaux. Il les habille.

Les qualificatifs de l'impolitesse

Se montrer désagréable, insupportable, déplaisant, difficile, pénible, inabordable, indifférent, rustre, arriéré, primitif, fruste, ignorant, brutal, sauvage, grossier, vulgaire, commun, familier, indélicat, irrespectueux, indécent, cynique, hautain, arrogant, insolent, égoïste, méprisant, plein de morgue, servile... Autant de caractéristiques de comportements qui rendent la vie en société difficile, qui vous collent au dos une étiquette de personne infréquentable, alors que vous êtes, peut-être, au plus profond de vous-même, la crème des hommes ou une femme pleine de bonté.

Un vendeur «impoli» se voit, se sent, et cela, très vite, dès les premières secondes de la rencontre. Cela se lit sur le visage, comme en témoignent les clients. Par quel miracle, sinon un sens aigu développé, qu'on est tenté de nommer «intuition sociale»?

Il ne suffit pas de dire «bonjour» et «au revoir» pour être bien élevé. La bonne éducation repose d'abord sur une *attitude* de respect et d'égard envers autrui. Cette attitude inspire les comportements, les gestes et les propos de la personne bien élevée.

Les neuf effets recherchés

Une bonne éducation n'aura toutefois que peu d'intérêt si votre clientèle ne perçoit pas un personnage avec lequel il est plaisant d'échanger à l'occasion de l'achat d'un article ou d'un bien de luxe. Ce plaisir dépend des dispositions que vous pouvez déployer et qui produiront plusieurs effets. Y a-t-il notamment des initiatives à prendre qui produiront certains effets souhaitables? Ils enrichissent l'approche traditionnelle des formations à la vente. Nous proposons un éventail de neuf effets, décrits ci-après.

■ L'effet de charme

Nous ne croyons pas que le charme soit le privilège acquis de quelques-uns. Il résulte de :

- votre sourire qui exprime un message implicite : *« C'est en ami que je vous accueille »* ;
- votre attention à l'autre, votre prévenance, le soin que vous prenez pour que vos visiteurs se sentent à l'aise, tout ce qui contribuera à leur détente (proposer un rafraîchissement, une tasse de café ou de thé y contribue) : plus largement, toute attention portée à leur bien-être sera appréciée ;
- votre comportement accueillant et compréhensif envers vos interlocuteurs ;
- votre écoute attentive de ce qu'aiment vos clients ;
- votre désir de leur faire plaisir ;
- votre humour, léger ;
- votre entrain, pouvant aller jusqu'à une certaine gaieté : un entretien de vente n'a aucune raison d'être triste ; bien au contraire, la promesse de votre marque est probablement d'apporter une expérience exceptionnelle à l'acte d'achat du client.

■ L'effet de prestige

Il nous paraît souhaitable que le client ait une certaine admiration, sinon un grand respect pour le vendeur. L'effet de prestige repose sur :

- votre adaptabilité à des personnes et des situations différentes ;
- la bonne estime que vous avez de vous-même, cette sorte de rayonnement nourri de vos succès professionnels ;
- votre tenue (voir le chapitre 4), l'aspect agréable, attirant qui émane de votre personne ;
- votre santé, l'énergie que vous déployez, votre conviction personnelle ;
- votre marque et l'univers du luxe que vous représentez ; portez-les bien, soyez fier de votre monde de privilèges, sans arrogance, mais avec le sentiment heureux de faire partie de l'exceptionnel.

Ici, on doit rappeler qu'un entretien de vente est un échange entre égaux, jamais entre un maître dominateur et un valet obséquieux, jamais entre un vendeur arrogant et un client humilié.

■ L'effet de méthode

Il est à l'opposé de ce qui est confus et désordonné. Il est obtenu par :

- la logique des enchaînements et des articulations par l'emploi des conjonctions et propositions de coordination (or, donc) et de subordination (parce que, en effet, en conséquence, cependant) ;
- toute mesure prise par vous, au cours des entretiens, pour clarifier, classer, comparer, éclairer en replaçant dans un cadre ;
- votre aptitude à sélectionner l'essentiel et à élaguer ce qui est secondaire.

■ L'effet de compétence

À nos yeux, cet effet est primordial. Il est la conséquence de :

- votre connaissance du produit et de ses particularités ;
- votre connaissance de la catégorie des produits et du luxe ;
- votre façon agréable de vous présenter, d'ouvrir l'entretien, de vous comporter face aux obstacles initiaux, en somme par le « numéro d'entrée en matière » très au point que vous proposez à votre interlocuteur ;
- votre capacité à faire rêver le client, à l'embarquer dans un voyage dans le temps et l'espace ;
- votre énoncé des faits, des exemples, des témoignages, des chiffres, des expériences, des références et de leur pertinence pour soutenir l'argumentation, leur répartition et leur dosage tout au long de l'entretien.

■ L'effet culturel

Voici un effet puissant pour tous ceux qui cherchent à se distinguer du tout-venant. Il est produit par :

- la richesse de votre vocabulaire ;
- l'emploi du mot juste ;
- la richesse de l'expression orale ;
- la correction syntaxique, c'est-à-dire l'observation des règles de construction des phrases ;
- un style de vie, autour du plaisir et du divertissement : vous connaissez les activités culturelles les plus en vue dans votre ville, ainsi que les derniers restaurants courus par les fins gourmets ;

- l'étendue des connaissances, plutôt que leur profondeur (plus «honnête homme» que spécialiste pointu).

Nous rappelons au passage que cette exigence culturelle s'applique aussi bien aux vendeurs français qu'à leurs collègues étrangers.

■ L'effet de construction

C'est le sens de l'aboutissement de l'acte d'achat. Il est conditionné par :

- votre volonté de réalisation ;
- votre esprit de décision, face aux hésitations et tergiversations de vos clients ;
- et, en même temps, votre esprit de conciliation, de tolérance, de compromis, c'est-à-dire le contraire de l'épreuve de force : ce qu'on pourra nommer la «volonté de bien plaire» ;
- votre aptitude à formuler une solution qui concerne votre interlocuteur par laquelle vous envisagez et exposez les retentissements possibles de son acquisition pour lui et son environnement.

■ L'effet d'implication

Corollaire et complément nécessaire de l'effet de construction, il consiste à :

- rassurer son client, afin qu'il puisse s'engager en toute confiance ;
- engager le client à agir, étant précisé que cet engagement revêtira la forme de la suggestion et non celle du commandement, si nous voulons rester fidèles à l'esprit de la persuasion.

■ L'effet d'exemplarité

Il consiste à inspirer l'autre par le témoignage de son action personnelle. Il est subordonné à :

- l'homogénéité entre ce que vous dites et ce que vous faites ;
- votre organisation ;
- votre calme communicatif, y compris en présence de clients certes fortunés, mais dont l'éducation laisse à désirer.

■ L'effet d'empathie

Cet effet est essentiel. Parce que vous écoutez attentivement votre interlocuteur — et celui-ci s'en rend compte en vous observant (votre regard distrait vous trahit ; votre regard attentif vous révèle) – vous l'encouragez à parler et à vous expliquer ce que vous devez comprendre pour pouvoir lui proposer ce qu'il attend. L'écoute est indispensable si vous voulez entrer dans le type de raisonnement de votre client, c'est-à-dire pratiquer l'empathie.

L'ensemble de ces effets recherchés constitue un programme comportemental qu'on ne peut pas envisager de plaquer sur une réalité humaine tout à fait différente. Il importe qu'il existe un nombre suffisant de passerelles entre ce que nous vous proposons de manifester et ce que vous êtes en vérité. Les sciences humaines nomment «congruence» l'accord harmonieux chez un individu entre ce qu'il est et la communication qu'il en fait aux autres.

La vraie empathie : l'oubli de soi

De nombreux livres recommandent aux conseillers de se mettre à la place du client, à juste raison. Allons plus loin : se mettre à la place du client implique nécessairement un certain oubli de soi. Pour exercer cet effet d'empathie, il faut savoir ne plus vouloir vendre : devenir client et oublier son rôle de vendeur.

Chapitre 3

Gestualité

Tout geste véhicule un sens, émet un message social. On observera que l'on est davantage porté à effectuer des gestes en présence d'une ou de plusieurs personnes que lorsqu'on est seul. Votre gestuelle est un révélateur d'identité culturelle et marque votre statut social. Faire des gestes pour communiquer est un acte naturel, mais la manière de les faire est socialement codée. Les domaines de la gestualité sont multiples et englobent les *postures* (le placement du corps en diverses circonstances), les *mouvements des bras,* les *expressions de la main,* les *expressions du visage* (voir le chapitre 5).

Postures

Distinguons d'abord la posture debout de la posture assise. Dans la majorité des cas, vos clients s'assoient en face de vous. Il faut néanmoins savoir parfaitement se tenir debout, souvent en préambule de conversation de vente avec les clients. (Certains clients peuvent refuser de s'asseoir.)

La posture debout est signe de dynamisme. Se tenir droit manifeste que l'on a de l'empire sur soi. Quand on se lève pour accueillir quelqu'un, et notamment un client ou un simple visiteur, on lui manifeste son respect et on lui signifie son immédiate disponibilité. La position debout n'implique pas la raideur ; la souplesse, marquée par les bras, est de mise. Le dos voûté se remarque et indique la fatigue, mais aussi le grand âge d'une personne. En position debout, évitez de remuer sans cesse, d'aller d'un point à un autre de la pièce comme un lion en cage, de vous lever et de vous rasseoir à plusieurs reprises, trahissant ainsi une grande nervosité.

En position debout, ne croisez pas vos jambes au niveau des chevilles : l'interversion des pieds déséquilibre et révèle de la timidité ou un malaise. Pour se tenir bien droit, il faut également savoir bien poser sa tête : nous avons tous tendance à la baisser, par fatigue ou par facilité.

Quand vous marchez, un pas rapide peut donner une image de vitalité dynamique, mais le luxe vous impose d'adopter un tempo digne de vos produits. Sans aller jusqu'à la lenteur, votre rythme est assuré, posé, mais jamais rapide. Évitez surtout de marcher à grands pas ou de courir, bien entendu, dans le magasin. Cette dernière prescription est encore plus impérative pour une femme, qui peut parfaitement adopter un rythme à l'image de sa douce élégance.

Enfin, imaginez que vous êtes en représentation (ce qui n'est pas faux) : on vous regarde. «Bien paraître» demande toujours un effort. Vous devez vous surveiller pour bien vous tenir.

La posture assise, elle, annonce le véritable démarrage de la vente. C'est toujours un signe qui ne trompe pas sur l'intérêt des clients. Parfois, la conversation peut durer vingt à quarante minutes, et votre succès résulte de ce face-à-face.

En position assise est exclu l'avachissement sur sa chaise, signe de laisser-aller, surtout si on l'accompagne du déploiement des jambes. Le conseil pratique le plus simple est d'avoir une chaise à dossier, de bien l'avancer, et d'y caler parfaitement son dos, en se tenant droit. En outre, on n'agite pas ses jambes, ni ses pieds, car cela se voit, même sous la table de vente. Enfin, nous ne recommandons pas de croiser les jambes, habitude de salon compréhensive, mais en fait plus fatigante sur la durée et pouvant générer des déséquilibres de posture. Les femmes tout particulièrement éviteront de croiser les jambes. Quant aux hommes, ils veilleront à ne pas montrer leurs semelles en croisant les jambes, cette posture étant considérée comme insultante, notamment en Asie.

Mouvements des bras

La typologie des gestes effectués avec les bras est très riche et l'interprétation de ceux-ci fort variée.

Les gestes *sociaux* englobent les gestes conventionnels de salutation, de dialogue, de commandement, de menace, de renforcement de l'expression verbale et les gestes oratoires pour souligner les étapes d'un exposé ou pour donner la parole.

Les gestes *psychologiques* amplifient les manifestations de joie, de tristesse, d'amour, d'admiration, d'approbation, de mépris, de colère, de pudeur, d'ignorance, de lassitude, d'humilité, etc.

Les gestes *techniques* marquent l'évocation des dimensions, de l'importance, des mesures physiques.

Certains gestes courants ont des significations que l'on peut rappeler :

— Les bras tenus souplement le long du corps indiquent l'attente, la disponibilité, tout comme les bras étendus, mains jointes devant le corps. En position assise, on peut reposer l'avant-bras sur le bord de la table, sans jamais, bien entendu, mettre les coudes sur la table.

— Les bras étendus, mains jointes derrière le corps, attitude distinguée en usage dans la famille royale britannique, a une connotation de discipline librement consentie. En Asie, les bras doivent être placés devant, le long du corps, signe de volonté de disponibilité. Au Japon, les vendeurs croisent les mains devant eux, montrant ainsi qu'ils sont prêts à servir.

— Les bras croisés, devant la poitrine, marquent l'assurance tranquille qui peut aller, si les bras sont tenus en position haute, jusqu'au défi ; c'est encore une expression de défi qui est manifestée par les bras pliés et les mains sur les hanches. Vous les éviterez en présence des clients, même dans un moment de grande convivialité.

— L'avant-bras en avant, le haut du bras près du corps, paume ouverte, est un geste d'invitation à prendre place, à prendre la parole, à se mettre en mouvement.

— Les bras le long du corps, main (ou les deux mains) dans la poche marquent une certaine négligence vis-à-vis de celui auquel on s'adresse et sont donc exclus dans votre relation avec vos clients.

> *Une gestuelle sobre et mesurée, naturelle et souple, constitue le bon comportement*

On retiendra le manque de distinction des gesticulations, des gestes désordonnés ou excessifs. Cela vous laisse tout de même une grande liberté de mouvement. Tout est dans le naturel.

Expressions de la main

Autant montrer la face extérieure de la main induit un refus ou l'enfermement en soi, autant les paumes expriment quelque chose qui est tourné vers l'autre, quand on se met en situation de demande, par exemple, pour inviter à s'asseoir ou pour donner la parole. Les mains posées sur l'estomac, les mains jointes avec les doigts croisés marquent une certaine passivité, de la réserve, un quant-à-soi. C'est aussi un signe de disponibilité, s'il est accompagné d'un sourire.

Se frotter les mains l'une contre l'autre, soit en forme de massage, soit paume contre paume, indique le contentement de soi ou la satisfaction d'une bonne affaire. À réserver à un entourage de familiers et à proscrire en face de vos clients.

Comme on nous l'a inculqué dès notre petite enfance, pour réprimer ou dissimuler une toux ou un bâillement, on met sa main devant sa bouche.

Les doigts

Les doigts contribuent à de multiples expressions, qui, si l'on n'y prend garde, peuvent être vulgaires. Ils peuvent parfaitement contribuer à enrichir votre expression — à condition de bien savoir en rester maître.

Commençons par ce qu'il convient d'éviter : pointer du doigt le client, montrer son majeur, lever son petit doigt et autres gestuelles familières et même vulgaires. Sans compter les doigts baladeurs (touchant de façon gratuite et inutile les objets autour), les doigts gratteurs (le visage, voire pire, le nez) qui témoignent d'une très mauvaise éducation. Enfin, les doigts se font parfois nerveux et se mettent en mouvement, de façon inquiétante.

De façon générale, gardez-vous de faire des gestes digitaux. Vous pourrez, à l'occasion d'une énumération, compter sur vos doigts pour que vos interlocuteurs ou les auditeurs d'un exposé suivent clairement les diffé-rentes parties de vos propos. Enfin, les doigts peuvent vous aider à expliquer et illustrer, à condition de ne pas procéder par gestes brusques ou exagérés.

La bonne éducation s'accommode mal de la gestuelle digitale

Se mettre en scène,
une question d'imagination

Notre conseil peut paraître narcissique, mais il s'avère indispensable à l'accomplissement de l'élégance gestuelle. Imaginez dans votre boutique des caméras et des miroirs. Votre image est en permanence révélée : vous êtes sous les feux de la rampe. Surveillez tous vos gestes, car vous êtes au centre de toutes les attentions. Tenez-vous droit par respect de soi et de votre public. Contrôlez vos mouvements, car vous ne souhaitez, ni ne vous permettez, aucune négligence.

Chapitre 4

Votre tenue au regard de l'autre

« La façade appartient à celui qui la regarde »

Apparaître professionnel et sympathique pour vos clients, c'est d'abord porter une extrême attention à ce qui est vu par votre visiteur : être bien coiffé (proprement), bien propre (agréablement), bien habillé (parfaitement) et, pour les femmes, bien maquillées (joliment).

Ne vous étonnez pas de la place que nous donnons aux vêtements dans cet ouvrage. La question a plus d'importance que vous ne le pensez. Certains établissements bancaires reconnus pour la qualité de la gestion de fortune de leurs riches clients ont adressé à chaque collaborateur du service commercial un petit livret leur prescrivant le choix des tenues strictes et élégantes correspondant à l'image distinctive de la banque.

Tout vêtement est un langage. Il fournit des informations sur celui qui le porte. Il est vecteur d'image. Il vous représente. Il signe l'appartenance à un groupe humain, à une catégorie de personnes. Il exprime le statut, la richesse ou la modestie de celui qui se vêt de telle ou telle façon. Il émet, à votre insu, un signal adressé à ceux qui vous observent[1].

Si l'on y réfléchit bien, ce n'est pas celui qui porte un vêtement qui est le mieux à même de le voir — sauf, comme Narcisse, à se contempler dans un miroir de fontaine —, ce sont les autres qui vous voient. Ainsi, c'est moins pour vous que vous endossez un vêtement que pour exercer un geste social. Vous vous habillez pour l'autre, pour les autres. Grand expert en art de plaire, l'homme politique et écrivain anglais Lord Chesterfield

---

1. Les sociologues parlent de la fonction sémiotique du vêtement.

écrivait à son fils : «*Un homme bien habillé a encore plus d'influence sur les hommes que sur les femmes.*»[1]

Intuitivement, les femmes sont entrées dans ce processus qui fait du choix du vêtement et de ses accessoires un élément de séduction.

Madame au travail : concilier les affaires et la féminité

Nous ne savons pas ce qu'un étranger remarque en premier chez une femme qu'il rencontre pour la première fois : la silhouette ? le visage et la coiffure ? le vêtement ? Nul doute que la tenue que la femme porte soit considérée, à tort ou à raison, comme un élément représentatif de sa personnalité. Nous nous limiterons ici au seul cadre des relations d'affaires.

À la tenue féminine portée au bureau, et notamment pour une femme travaillant à l'étranger, sont corrélées plusieurs significations : celle de la compétence professionnelle, celle de la féminité, et celle de la conformité à l'image de l'élégance française.

■ Chic, strict, classique

La ligne de conduite pour le choix de la garde-robe sera d'être chic, stricte et classique. Mais il ne s'agit pas de s'habiller tristement ; la conseillère doit pouvoir s'épanouir en respectant son code vestimentaire, être elle-même, à l'aise, et en même temps agréable à l'autre. Cet impératif peut donner lieu à de multiples déclinaisons en fonction des activités exercées et de l'image de la femme dans son entourage. Rappelons que l'on s'habille pour les autres, avant de s'habiller pour soi. Il s'agit d'être tel que les autres s'attendent à vous voir.

> *On s'habille pour les autres*

Sauf si un vêtement professionnel est fourni par la Maison qui vous emploie, auquel cas les prescriptions qui suivent risquent de faire double emploi, nous vous proposons quelques réflexions pour guider le choix de votre tenue de travail. Il est évident, d'abord, que votre tenue ne peut qu'être en parfaite harmonie avec l'image des produits que vous vendez.

---

1. Lord Philip Chesterfield, *Letters to his Son*, 1774.

Même lorsque la tenue est fournie par la Maison de luxe, il existe très souvent un choix laissé aux conseillères. Il faut savoir bien choisir la tenue qui vous sied le mieux, la faire ajuster parfaitement et, enfin, lorsque c'est possible, la parer d'accessoires qui viennent s'ajouter avec délicatesse et harmonie.

La dimension de la séduction sera résolument exclue de la sphère proprement professionnelle. Une tenue trop sexy, trop glamour (décolleté plongeant, minijupe), risque de faire passer celle qui se vêt ainsi comme préoccupée davantage par sa personne que par l'entreprise. Pour choisir un vêtement, ne confondez pas votre boutique avec une boîte de nuit.

Toutefois, à l'opposé, une tenue trop terne pourrait être associée à une compétence insuffisante, tandis qu'une tenue trop décontractée serait assimilée à un certain amateurisme.

Pour rester dans le cadre strict des femmes exerçant leur métier dans une Maison de luxe, nous recommandons le port du tailleur, avec jupe ou pantalon de couleur unie. Quelques touches discrètes d'accessoires de mode (collier ou sautoir, boucles d'oreilles ou broche, sobres, subtilement dosés et sortant de l'ordinaire, ceinture, petit foulard — c'est encore mieux si vous portez ce que vous vendez) vous permettront d'exprimer votre féminité et agrémenteront cet ensemble un peu strict. Ce sont les accessoires qui donnent vie à une tenue impeccable.

Les conseillères le savent, les femmes adorent observer les chaussures des autres femmes. Les talons ne doivent être ni trop hauts (même si cela vous grandit, vous risquez de donner l'impression de vouloir dominer) ni plats. Vos chaussures seront plutôt des escarpins. À nouveau, le classicisme doit surpasser le goût pour ce qui est fantaisie, car trop risqué.

Le soin apporté à la coiffure est essentiel et doit mettre en valeur la beauté du visage. Évidemment, si vous colorez vos cheveux, excluez toute teinte agressive. Les mèches et autres colorations fantaisistes (bleu, vert, orange, rouge et violet) sont à éviter.

Un maquillage sobre est de mise, qui sera différent selon que l'on est à la lumière du jour ou à la lumière électrique le soir. Bannissez les ongles démesurés. Faut-il rappeler que les raccords de maquillage et notamment de rouge à lèvres ne se font pas en public, mais dans un cabinet de toilette ?

Certaines Maisons de luxe offrent à leur personnel féminin le passage par un salon de coiffure qui propose une coupe et un look négociés avec l'intéressée, ainsi qu'une formation au maquillage individuel. Une séance de manucure complète ce service où l'on apprend comment soigner ses mains et ses ongles.

Le parfum doit être discret ; vous devez sentir le propre et non pas faire du parfum un camouflage. Le sillage d'un parfum entêtant que certaines femmes laissent sur leur passage n'est pas du meilleur goût.

Sentir bon

Cela a l'air évident : la parfaite propreté corporelle est sans aucun doute l'une des clés du bien-paraître. Sentir bon, cela va sans dire ; mais proscrivez d'abord le contraire : la mauvaise haleine ou encore les effluves nauséabonds vestimentaires. Certaines personnes émettent une odeur désagréable pour leur entourage, même très peu de temps après leur sortie de la douche. Dans ce cas, l'emploi d'un déodorant à effet prolongé est indispensable. On s'inspirera des pratiques de l'hôtellerie de luxe : le personnel est invité à laisser sa tenue de ville à l'hôtel et, avant de commencer la journée, à arriver bien en avance pour prendre une douche (afin d'éviter les «aléas» des transports en commun) et se maquiller pour les femmes. En France, on se parfume par tradition et par plaisir. Sachez que c'est une très belle exception hexagonale. Les femmes asiatiques en général ne se parfument pas et les hommes encore plus rarement. Votre parfum doit rester discret. Soyez sobre ; mieux, devenez subtil. Parfumez-vous peu, mais plus souvent. Préférez un parfum léger, au féminin comme au masculin.

Peut-on être plus luxueusement habillé que les clients des boutiques ? En tant que conseillère du luxe, vous êtes assimilée à la marque que vous représentez. Vos clients aujourd'hui ne viennent pas en boutique habillés pour vous impressionner. Très souvent, ils sont en voyage : leur tenue est avant tout confortable. Enfin, les codes vestimentaires ont beaucoup changé : les clients aiment les mélanges, brouiller les pistes. Avec un tee-shirt acheté en grande surface, le client fortuné peut mettre un jean ayant cent fois la valeur du tee-shirt, avec une paire de chaussures sur-mesure repérable seulement par les initiés. Nous ne pouvons que vous recommander de vous habiller toujours avec grande classe, à l'image de votre marque, et de respecter la tenue de vos clients.

Enfin, avant de se rendre sur l'espace de vente, on jettera un dernier coup d'œil devant son miroir pour vérifier la bonne harmonie de la tenue et des accessoires.

De la tenue masculine

Nous ferons ici la même observation que ci-dessus pour vos collègues féminines. Les prescriptions qui suivent s'adressent à ceux à qui la Maison ne fournit pas de tenue de travail.

Se rendre à son travail en tenue négligée, c'est manquer de respect envers ses collègues et, pire, envers sa clientèle. S'habiller comme une gravure de mode (à l'exception toutefois des milieux de la mode et de la publicité), c'est les snober.

Un client qui entre dans une boutique de luxe ne s'attend pas à être reçu par un employé subalterne.

L'élégance se signale par ce «je-ne-sais-quoi» qui la rend invisible et en même temps remarquable. Ralph Lauren dit de l'élégance masculine qu'elle passe inaperçue, mais a pour effet qu'on se retourne sur le passage de la personne bien habillée parce qu'on s'est rendu compte qu'on avait croisé quelqu'un d'élégant. On pourrait définir l'élégance par l'harmonie des vêtements par rapport à votre personnalité, aux circonstances d'utilisation et à l'image des produits de luxe que vous présentez à votre clientèle. Vous vous habillerez en fonction de votre taille, de votre corpulence physique, de la couleur de vos cheveux et en considérant votre âge. Le goût, la distinction, l'aspect très plaisant de votre mise sont les guides de votre choix.

> *Un client qui entre dans une boutique de luxe ne s'attend pas à être reçu par un employé subalterne*

Un costume classique noir, bien coupé, dans une belle matière, gris, brun ou bleu foncé, pas nécessairement de trois pièces, toujours agrémenté d'une cravate et d'une pochette aux couleurs assorties, évitera de commettre un impair. Le costume à rayures annonce une plus grande recherche, car il nécessite un mariage plus complexe avec chemise et cravate. Le sportswear est exclu.

L'homme élégant se distingue par des détails. La cravate est souvent la seule originalité de la garde-robe masculine, ce qui n'autorise pas pour autant qu'on finisse par ne plus voir qu'elle. On évitera, par exemple, les cravates au rouge impudent et aux couleurs criardes. Développez votre goût en sélectionnant votre cravate. Vos clients sauront le remarquer, soyez-en certain.

La façon de nouer la cravate ne peut être laissée à votre seule inspiration. Le nœud doit être réalisé en fonction du col de chemise auquel cet accessoire sera associé. Les modèles italiens, à pointes larges et espacées, appellent de gros nœuds. Les cols américains, à pointes boutonnées, ont été initialement créés pour être portés sans cravate. Les cols anglais, avec leur passant sous le nœud de cravate, appellent un petit nœud. Une cravate ne peut être nouée sous un col de polo en maille dépourvu de pied de col, sans risque d'être transformée en grosse boule.

Peu de conseillers portent la pochette, pourtant signe de distinction de l'élégance quotidienne. Sa pratique est plus complexe : la pochette complète l'ensemble apportant une agréable touche de créativité (par exemple des couleurs assorties à celle de la cravate, mais un dessin différent). Comme pour tout, cela s'apprend par la pratique et l'indispensable achat de belles cravates et pochettes en soie.

Et si vous savez pousser l'élégance jusqu'au nœud papillon, n'hésitez pas à en porter, à condition de savoir le nouer vous-même ; les clips sont pour les enfants, et parfois les serveurs de restaurant. Loin d'être une fantaisie, le nœud papillon, s'il vous sied bien, vous avantage aux yeux des clients dandy.

Les couvre-chefs sont à éviter par convention sociale, car vous ne les mettrez qu'à l'extérieur.

Enfin, soignez tous les accessoires visibles des clients : votre stylo personnel, votre porte-cartes de visite, ou encore votre étui à lunettes. Ici aussi, vos clients les remarquent, n'en doutez pas.

Bannissez les bagues ornées de pierres précieuses qui donnent l'air d'un parvenu. Les bijoux masculins sont, de façon générale, à proscrire, à l'exception de l'alliance. Le port d'une montre est délicat : c'est l'accessoire masculin par essence. Il faut évidemment éviter les montres digitales et autres fantaisies horlogères. Une montre de grande marque n'est pas accessible à tous les conseillers : nous recommandons simplement de préférer une montre avec aiguilles, simple, avec un bracelet en cuir ; ou de ne pas en porter, ce qui parfois simplifie la question.

Vous aurez deviné que les piercings en tout genre et autres tatouages visibles ne font pas partie du monde de la distinction.

L'élégance, le beau, est un sujet important pour vos clients. Ces derniers y sont nécessairement sensibles, et savent l'apprécier, même s'ils ne vous

L'élégance se signale par ce « je-ne-sais-quoi » qui la rend invisible

le disent pas. À la base de l'élégance se trouve d'abord la maîtrise des règles élémentaires vestimentaires, qui témoigne d'une bonne éducation, fondée sur le respect des autres. Sans fautes de goût et avec discrétion, une personne est bien habillée. Avec des touches personnelles de fantaisie, justes et remarquables (évitez le trop, cet ennemi du bien), une personne devient élégante. L'élégance s'avère une composante importante du charme du conseiller : les clients du luxe y sont particulièrement sensibles.

Votre linge corporel (sous-vêtements, chaussettes, chemise) sera changé aussi souvent que le nécessite votre complexion. Les cols placés à la bonne hauteur et les manchettes ne débordant que d'un seul centimètre des manches de la veste seront propres. Votre eau de toilette, choisie parmi les fragrances masculines, restera discrète. Il faut savoir que les Asiatiques n'aiment pas qu'un homme sente le parfum ; tout au plus est acceptée une odeur de bon savon ou d'eau de Cologne. Vous restez impeccable à tout moment de la journée.

Les costumes et les tailleurs sont impeccablement repassés. Si vous en avez la possibilité, gardez toujours un complet en parfait état dans votre espace de vente pour parer à toute éventualité.

Attention aux boutons décousus ou absents, ainsi qu'aux taches. Dissimulez vos bretelles (à boutons et jamais à pinces) et votre ceinture si vous en portez. Il convient de marier la couleur de sa ceinture avec celle de ses chaussures et le bracelet de sa montre. À ce titre, le noir est toujours un sans-faute, tandis que le marron suggère une sophistication certaine.

Les chaussettes, aussi peu visibles que possible, sont d'une couleur accordée à celle du pantalon. C'est souvent la fantaisie la plus facilement admise : on peut s'aventurer vers des chaussettes de couleurs vives unies, mais on bannira tout modèle de chaussettes avec des dessins et surtout des motifs comiques... Vos chaussettes sont bien tirées et ne tire-bouchonnent pas.

Les chaussures sont assorties au costume, noires avec un vêtement de couleur sombre, marron ou bordeaux avec une tenue claire ; elles sont brossées et cirées. Préférez les semelles en cuir. L'écrivain français Paul Morand, alors jeune attaché d'ambassade, se vit prescrire : « *Pas de chaussures marron passé 17 heures.* »[1] Bien que la prescription remonte aux années 1910, elle est toujours actuelle, sans être une règle absolue.

On ne retire jamais sa veste dans le magasin, même si votre client le fait. La chemise est un sous-vêtement qu'on ne montre pas. De même, lorsque vous déjeunez avec les clients, même si ceux-ci se mettent à l'aise en retirant leur veste, vous garderez la vôtre, non pas par coquetterie, mais par professionnalisme et respect de votre client.

Et une certitude : vos clients remarquent nécessairement votre élégance, même s'ils ne vous le disent pas toujours. Bien paraître, c'est aussi être bien dans sa peau : votre sophistication est le premier signe de confiance en soi.

---

1. Rapporté par Jacques Gandouin, *Guide des protocoles et des usages*, UGE, 2001.

Chapitre 5

Visage et sourire, signes de bienveillance

Votre visage est certainement le premier vecteur d'expression et communique de vous une signification qui est en général en accord avec ce que vous dites, mais qui peut aussi démentir vos propos. Nous nous attachons ici à vos mimiques, à votre regard et à votre sourire.

Sourire, signe de force

Le sourire serait le propre de l'homme. Même si l'on s'abstrait du domaine commercial, chacun reconnaît que nous sourions lorsque nous souhaitons plaire, lorsque nous sommes contents, lorsque nous éprouvons du plaisir. Le sourire est également un signe social de bienveillance. Un sourire est une manière de montrer une acceptation, d'établir une relation de confiance. Un conseiller qui sourit éprouve plus de plaisir dans l'exercice de son métier et répand le plaisir autour de lui. Un client se dirigera plus volontiers vers un conseiller souriant. C'est souvent le début d'une communication : on se sourit avant de se parler.

Souriez, il s'agit aussi de votre bien-être professionnel, avant votre efficacité commerciale. Votre sourire est votre plus belle preuve de sympathie et du bonheur de rencontrer vos visiteurs. Songez aussi qu'indirectement, le sourire véhicule votre compétence relationnelle. Le sourire doit accompagner le client depuis l'extérieur de la boutique jusqu'à l'intérieur. C'est un sourire naturel, qui invite au partage. C'est un signe indispensable à toute relation humaine.

Témoignage sur le sourire[1]

« Un de mes clients chinois m'a un jour fait remarquer qu'il y a deux circonstances où l'on montre ses dents : quand on mord et quand on sourit. Il me faisait aussi observer qu'il faut parfois de la force d'âme pour sourire face à une personne qui ne sait pas et n'a pas à savoir que vous venez d'être frappé par un deuil ou que vous vous trouvez en difficulté. » Ainsi, le sourire n'a, contrairement à ce qu'on croit souvent, rien de mièvre et n'est pas réservé aux seules femmes ; il est aussi un signe de vaillance.

Le sourire dans la vente de luxe exprime une assurance tranquille. Un conseiller souriant exprime un équilibre et un bien-être personnels. On peut, à cet égard, le rapprocher des pratiques en usage dans l'hôtellerie : savoir accueillir, servir dans le luxe, apporter en quelque sorte de la volupté. C'est une promesse implicite que l'on fait : tout sera possible, on fera tout pour le client. On acceptera d'engager une conversation si le conseiller du luxe est agréable – pas uniquement s'il n'est que compétent. Il gagnera donc à être sympathique en adoucissant son regard, par justement un sourire que nous nommons « de bienveillance ». Mieux, si son regard et son sourire peuvent prendre des nuances, le conseiller l'intègre dans sa communication interpersonnelle.

Le sourire est signe de force – mais également un signe social – et de confiance. Le conseiller souriant apparaît comme confiant en soi. On remarquera que chez les Américains, le sourire est également signe de leadership. Les riches et les puissants ont toujours des sourires radieux. Alors que les mêmes, dans les contrées asiatiques, affichent un sourire discret, de sagesse et de grande retenue. Dans les civilisations extrême-orientales on apprend dès la plus tendre enfance à « garder la face », c'est-à-dire à ne pas révéler par le visage ses sentiments et ses émotions. De leur côté, les milieux d'affaires occidentaux avancent à visage découvert.

En France, on se retient souvent de sourire pour plutôt afficher de la respectabilité. Le regard est le premier vecteur de nos expressions (voir le chapitre suivant).

---

1. Témoignage de René Moulinier.

Pratique du sourire

Quand vous souriez sincèrement, ce n'est pas seulement votre bouche qui sourit ; le sourire s'étend aux yeux qui se plissent. Le sourire a encore pour effet de se propager à une grande partie du corps : il provoque de la détente ; le nœud que l'on ressent quand on a le trac s'assouplit. Sans aller jusqu'à parler de bien-être, le sourire produit un effet équilibrant.

Attention cependant au sourire contraint. Ce simulacre en forme de rictus se remarque, parce que seuls les muscles de la bouche sont en action ; ce sourire simulé ne va pas jusqu'aux yeux et procure à l'interlocuteur une impression de fausseté et de non-sincérité dans la relation.

Les expressions du visage

Votre visage doit être vivant et avenant : regard droit, sans insistance déplacée, allant à la rencontre des yeux de votre interlocuteur (voir le chapitre 6) ; le sourire éclaire votre visage. Que les prescriptions sur votre gestuelle (voir le chapitre 3) ne vous incitent pas à figer votre expression, à la rendre impénétrable, indifférente, et pour tout dire insignifiante.

Le cœur se lit sur le visage

Un cœur doux s'affiche sur un visage affable : l'amabilité se lit dans un regard, un sourire. Nous exprimons ainsi nos sentiments envers les autres. Votre cœur se trouve sur le visage : c'est inévitable. Vous êtes pressé de vendre, obligé de vendre ? Cela se transcrira nécessairement et de façon désagréable pour votre visiteur. Par conséquent, laissez de côté les ennuis et les tracas de votre quotidien professionnel.

Chapitre 6

Se regarder dans les yeux : en quête de la compréhension

Communiquer par le regard

En permanence, vous communiquez avec votre regard. Votre regard est la fenêtre de votre âme. Le regard, pour les Chinois, est composé de deux caractères qui s'écrivent : œil et esprit. Ce regard vient conforter ce que vous dites ; mais il peut aussi le contredire. On peut mentir, mais le regard dit souvent la vérité. Votre client se fiera davantage aux sentiments générés par votre regard, se méfiera de ce que vous dites. Ce n'est pas un hasard si, dans toutes les traditions, on se regarde dans les yeux pour conclure un accord.

Un regard empathique génère de la sympathie, un regard sombre fait fuir (si vos yeux sont noirs, éclairez votre regard par un léger sourire). Vos yeux en disent souvent plus long que vous ne le souhaitez. Le meilleur moyen de travailler son regard est d'adopter en permanence vis-à-vis de votre visiteur de la bienveillance, ce qui se traduit visuellement par une certaine quiétude, une tranquillité exprimée par un regard serein.

Songez à ce que signifie votre regard : comment regardez-vous les autres ? Votre regard contribue au charme de votre personne s'il est comme une caresse bienveillante adressée au client, s'il exprime votre considération flatteuse pour sa personne et participe au plaisir qu'il va trouver dans la conversation liée à la vente. Ce regard se fera alors flatteur, enjôleur, voire complice.

Ce regard est indissociable du sourire (voir le chapitre 5), car ce dernier, notamment pour les Asiatiques, est synonyme de politesse, voire de minimum social. Le client se méfiera, ou sera en retrait, vis-à-vis de celui qui ne sourit pas. Ainsi, votre client vous ressentira bienveillant à son égard et trouvera votre compagnie agréable. Le client du luxe doit sentir douceur et gentillesse, la promesse du plaisir à venir.

Quels que soient l'apparence de votre visiteur (méfiez-vous : elle ne reflète pas nécessairement son être), ses dires et attitudes en face de vous, restez calme et serein. Votre regard peut caresser, comme il peut mépriser. Il véhicule votre état d'esprit.

Le regard, moyen de communication non verbal, joue paradoxalement un rôle dans l'écoute de l'autre. On écoute mieux un interlocuteur en observant, au-delà des paroles émises, ce que reflètent son visage et ses gestes. Car en regardant le client, votre attention se focalise sur lui et votre écoute devient plus intense, ce qui est, somme toute, plus agréable pour vous.

Le mouvement des yeux et des sourcils constitue un élément d'appel. Avant même d'avoir serré la main de votre interlocuteur, dans les pays occidentaux, notamment latins, où la poignée de main est d'usage dès la première rencontre, votre regard est le premier contact — presque physique — avec celui auquel vous vous adressez. Regarder une personne est déjà un acte social. Et bien le regarder annonce déjà le début d'une amitié.

La façon dont vous regardez révèle — ou trahit — votre degré d'assurance et d'assertivité, en d'autres termes, comment vous vous affirmez à l'égard des autres. En outre, le regard de l'Occidental dévoile ses sentiments, ses émotions, au contraire de l'Asiatique chez qui la maîtrise des émotions et l'impassibilité apparente sont une seconde nature.

Au début de la rencontre avec votre client sur le lieu de vente, son regard se fait souvent fuyant, voire absent. Il témoigne ainsi de sa priorité : il cherche d'abord à entrer en contact avec les produits, et ne désire pas encore acheter. Il cherchera le regard du conseiller lorsque son intérêt croît et que l'achat peut être envisagé. La relation devient alors nécessaire à ses yeux.

Notre regard nous informe

L'observation du visage de vos interlocuteurs est riche d'enseignements :

- Les mouvements de la tête (tenue droite, vers l'avant, vers l'arrière, inclinée sur le côté) sont souvent le signe d'un questionnement interne, portant notamment sur la décision d'achat.
- Les mimiques du visage révèlent l'enthousiasme, la joie, la surprise, l'indifférence, l'inquiétude, l'étonnement, l'hostilité, la lassitude, la tristesse, la déception.
- La bouche serrée exprime de la réserve ; la bouche entrouverte ou ouverte est signe de bonheur ; la bouche en cul-de-poule révèle un doute.
- Les froncements de sourcils montrent que l'attention est mobilisée, tandis qu'un sourcil levé marque l'étonnement.
- Les yeux grands ouverts, ou qui clignent, accompagnent un regard attentif ; les paupières closes signalent la méditation ou la réflexion.

En regardant un interlocuteur, on étudie mieux ses réactions à vos propos. Encore faut-il regarder aux moments opportuns. Par exemple, quand vous posez une question cruciale, voire gênante, quand vous émettez un avis important, c'est au moment où vous posez la question ou tenez ce propos qu'il faut saisir son effet, la réaction immédiate, incontrôlée par l'autre pendant une fraction de seconde. À ce moment-là, celui qui est en face de vous peut changer de physionomie, racler sa gorge ; son visage peut blêmir ou rougir ; il arrive même que ses mains se crispent ou se détendent, qu'il croise et décroise ses jambes, qu'il modifie son assise, qu'il fasse un mouvement du corps, etc. Ce sont là autant d'informations sur ce qu'il ressent, du moins dans nos pays occidentaux.

On écoute mieux un interlocuteur en le regardant

Comme nous l'avons précisé plus haut, pour saisir ce que révèle malgré lui votre interlocuteur, votre regard doit se porter sur lui *au moment* où vous posez la question ou faites une remarque et non après. Parfois, une seule seconde après, votre vis-à-vis aura repris ses esprits et il sera trop tard pour capter sa réaction.

Quand on parle mal une langue étrangère, l'observation du mouvement des lèvres de l'interlocuteur participe à une meilleure compréhension de ce qui vous est dit.

Lors de la vente, vous êtes parfois assisté d'un collègue, qui, tout en vous laissant le champ de la parole, n'en est pas moins le meilleur observateur – sans doute mieux que vous ne pouvez le faire, ayant l'esprit dégagé. Après le départ du client, votre collègue sera à même de vous parler de lui et de vous fournir une analyse complémentaire.

« Pratique » du regard

Comment faut-il regarder celui avec lequel on échange des propos ?

Le scruter, c'est-à-dire faire peser sur lui un regard insistant et prolongé l'indispose à juste titre : il va soupçonner que vous voulez vous imposer à lui, voire le dominer. À l'inverse, éviter son regard sera interprété par lui comme de la dissimulation, de la défiance ou comme un malaise dans la relation, à moins que cela soit seulement le signe d'une grande timidité ou d'un complexe d'infériorité de votre part. Tout cela jouera contre vous. (Si vous êtes timide, ou intimidé dans certaines circonstances, regardez votre interlocuteur entre les yeux, au niveau des sourcils, ce qui donnera l'illusion que vous le regardez bien en face.)

S'il ne faut jamais chercher à tout prix à capter le regard de votre client, il ne convient, bien entendu, jamais de le refuser, lorsque votre client vous y invite. Notre conseil est ici de vous adapter par rapport aux clients. Si le regard se fait fuyant en début de conversation, n'insistez pas : présentez votre produit, parlez de votre marque avec élégance, tranquillité. Si le client est séduit, il viendra à vous, naturellement.

Nous vous conseillons de laisser votre regard parcourir une sorte de triangle autour des yeux ; vous éviterez de descendre au-dessous du nez. En effet, si votre regard descend vers la bouche de celui qui vous fait face, vous lui adressez un signal d'amitié, au détriment de la relation purement professionnelle que vous souhaitiez avoir avec lui. Et si votre regard descend sur sa cravate, pour un homme, ou son collier, pour une femme, vous entrez dans une relation intime, considérée comme peu professionnelle. De façon générale, on ne promène pas son regard sur le client – qui se sentirait jugé.

Aux États-Unis, par exemple, on estime que la proportion du temps consacré, lors d'une conversation, à regarder l'autre est comprise entre 40 et 60 %. En dessous de cette proportion, votre interlocuteur pensera que vous lui cachez quelque chose, que vous manquez de franchise. Et il sera amené à penser que vous manquez de confiance en vous, et donc êtes peu fiable.

Les jeux de regard lors des entretiens professionnels sont assez variables, selon les pays.

Les clients japonais regardent peu les conseillers, tandis que ces derniers ont plus souvent le regard baissé. Le regard direct et franc vient avec le temps, signe d'une confiance mutuelle obtenue après plusieurs, voire une dizaine de rencontres. En cela, les Coréens se rapprochent des Japonais.

En Chine, l'affaire du regard se complique, parce qu'intervient la notion de respect dû aux supérieurs hiérarchiques — à une culture de dirigeant. Un collaborateur d'un niveau inférieur évitera de regarder son supérieur hiérarchique dans les yeux, car agir ainsi serait assimilé à un manque de respect. Ceci, du moins, dans les milieux traditionnels, car ceux qui ont fait des études internationales ont pris l'habitude de porter leur regard à la manière occidentale.

Dans les pays du Maghreb, au Moyen-Orient, et plus généralement dans les pays de culture islamique, on ne pratiquera qu'un bref regard, de l'ordre d'une à deux secondes, avant de «descendre le regard». En effet, dans ces pays, hommes et femmes couvrent leur corps de vêtements, car les préceptes du Coran considèrent que la contemplation des corps est source de péché.

Au Liban, tout comme en Israël, on observe que les hommes se regardent intensément. Libanais et Israéliens ont appris à négocier en se regardant droit dans les yeux, la distance de communication étant extrêmement courte. Nous hasardons l'hypothèse que la pupille et l'iris des yeux étant presque aussi noirs, il faut être physiquement proche pour lire dans les yeux de l'autre. Lorsqu'on est dans une tradition plus orale qu'écrite, le regard, la poignée de main, l'accolade deviennent essentiels dans la relation à l'autre.

Nous avons voulu vous apporter ici un éclairage par rapport à votre clientèle internationale. Nous vous conseillons non pas de la copier, mais de vous y adapter en restant vous-même. Un regard sincère, bienveillant, sera apprécié de tous vos clients.

Notre douce France :
une attente universelle

Disons-le sans détour : il y a trop de déception de la part des touristes internationaux qui se rendent dans l'Hexagone. La déception est en rapport avec la forte attente, l'admiration pour notre savoir-vivre. C'est cette douce France, une France romantique et savoureuse, que nos visiteurs viennent cueillir. Cette attente est universelle. La compréhension de la diversité de la clientèle internationale vous évitera l'impardonnable. Votre succès viendra de votre capacité à répondre à ces attentes légitimes d'une grande qualité du service à la française. Prenez votre temps, prenez du plaisir, continuez à contribuer à cette belle exception française par la qualité de votre service. Et qui, nous en sommes certains, vous aidera à mieux vendre auprès de cette clientèle internationale.

Chapitre 7

Voix et langage, signes de votre distinction

La communication au cœur de l'acte de vente

Communiquer avec les clients se situe évidemment au cœur du «savoir-vendre» : la vente est une rencontre, au cours de laquelle le conseiller montrera toute sa maîtrise, en premier lieu de sa communication. Le client est également dans une forme de communication particulière : le conseiller doit en connaître les subtilités afin de maîtriser la communication lors de la vente. Sans vouloir entrer dans les méandres de la communication interpersonnelle, nous souhaitons ici apporter des éléments plus pertinents, indispensables à une communication efficace.

Parler, c'est agir

Et le verbe fut ! Les mots peuvent donner beaucoup de plaisir comme provoquer énormément de douleurs, de souffrance. Certains mots entendus peuvent rester profondément ancrés dans notre mémoire. Si cela n'est pas le cas dans tous les secteurs professionnels, parler revient à bien agir en vente. La parole est action. La parole est un des outils principaux du vendeur, qu'il faut donc savoir manier non seulement avec intelligence (pour atteindre ses objectifs), mais aussi avec générosité (pour rendre la rencontre agréable).

La voix de la vente

Toute voix est évocatrice. Elle est ressentie par celui ou celle qui l'écoute comme s'adressant à sa sensibilité. Votre voix est porteuse d'informations sur ce que vous êtes et sur ce que vous voulez. Votre voix traduit également le luxe dont vous êtes l'ambassadeur. Elle se doit d'être agréable, voire suave, sans être mielleuse. Elle doit être vous-même, nécessairement délicieuse.

Si vous êtes convaincu du bien-fondé, de l'intérêt de ce que vous proposez, cela s'entend. À l'inverse, si vous êtes désabusé, peu confiant en vous-même, sans enthousiasme, votre voix le transmet aussi à votre interlocuteur. Il s'agit également de garder le même style tout au long de la conversation. Tout écart pourrait être interprété comme une perte de patience, voire un signe d'impertinence.

Si vous vous intéressez sincèrement à votre client, cela s'entend également.

Votre élocution et la modulation de votre voix donnent du relief à vos propos. Vous éviterez donc un ton monotone, uniforme et terne. Variez la vitesse de votre débit verbal. Généralement, on a naturellement tendance à parler trop vite. Et un débit trop rapide nuit à la compréhension de ce que vous dites. Surtout dans une boutique de luxe, où il faut savoir prendre son temps. Cela commence par le rythme que vous donnez à vos propos. En parlant avec douceur, les clients restent plus longtemps en conversation avec vous. Le client parle très vite ? Conservez un tempo doux et agréable : il sera vite influencé et ralentira son rythme. Votre client parle très doucement ? Il ne faut évidemment pas lui donner l'impression de l'imiter. Par exemple, au moment de la découverte[1], parlez plus lentement pour produire un effet apaisant ; en revanche, au moment de la proposition et de l'argumentation, un rythme plus rapide accompagné par une voix un peu plus forte renforce l'effet de conviction recherché.

Mettez aussi en action la modulation du son de votre voix : un registre un peu plus aigu provoque un effet d'éveil ; un registre plus bas produit un effet sécurisant et apaisant. Par exemple, vous utiliserez le registre bas pour traiter les objections. Le luxe appelle également à adopter un ton enjoué, annonciateur d'agréments et de plaisir. Le bon conseiller installe un climat de détente, une certaine volupté au cours de la conversation.

---

1. Recueil des informations indispensables au conseiller pour adresser à son client le message de vente (proposition et argumentation) le plus étroitement adapté à celui-ci ; voir le chapitre 13.

Détachez les mots ou les expressions qui ont de l'importance par un bref silence qui précédera ou suivra le mot ou l'expression que vous voulez mettre en valeur. L'articulation, la prononciation nette des syllabes et des mots contribuent à la bonne compréhension de vos propos par votre interlocuteur.

Bien entendu, nous ne faisons ici qu'esquisser cet élément de votre communication : nous nous limitons à vous alerter sur cette question.

Le ton de la vente

Difficile question. Il vous faut à la fois vous adapter à votre interlocuteur (sérieux, professionnel, gai) et être vous-même. Mais vous vous devez d'être positif, d'adopter un ton résolument engageant, sans vous imposer. Un conseiller avec un ton mou et plat donne une impression de fatigue, voire de lassitude.

C'est à vous, conseiller, qu'il appartient d'imprimer votre marque personnelle à l'entretien par votre ton, accueillant et entraînant. Les modes d'expression des uns et des autres ne sont pas — heureusement — identiques. Cependant, nous ne saurions trop vous recommander, qui que vous soyez, d'être plutôt enjoué. Adoptez un style plutôt vif, enlevé, tonique. Il faut absolument lutter contre la baisse de tonus, la platitude ennuyeuse, la grisaille. Votre interlocuteur doit trouver du plaisir en votre compagnie.

Le rythme de la vente

Le rythme est symbolique de votre maîtrise de la conversation. Nous ne le répéterons jamais assez : les conseillers, de façon générale, parlent trop, et trop vite. Les deux sont d'ailleurs souvent liés. Bien parler suppose de la clarté : des phrases courtes, simples. Les pauses apportent de la respiration à la conversation : ce sont pendant ces blancs que votre client absorbe, digère vos propos. Et cela permet aussi aux clients de rebondir.

Le langage de la vente

Avec la communication visuelle, les mots sont l'autre vecteur décisif de la transmission de vos idées à votre interlocuteur.

Voici quelques conseils pour renforcer votre communication verbale.

– Employez des mots clairs, précis (dont le sens vous est bien connu), compréhensibles par votre interlocuteur, pas trop techniques, issus du langage courant, forts, imagés, colorés, gourmands et vivants.

Si vous devez employer des termes techniques, accompagnez toujours leur emploi d'une explication pour être parfaitement compris de votre client. Il faut bannir la langue étrangère : on parle français en France et anglais dans les pays anglophones. Si vous devez utiliser un mot anglais, excusez-vous de ne pas savoir le dire en français.

Au cas où votre interlocuteur serait un expert de la question que vous traitez, et afin de ne pas lui donner l'impression que vous vous adressez à lui comme à un débutant, précédez votre explication de formules telles que :

- *« Ce qui, comme vous le savez, veut dire que… »* ;
- *« Ce n'est pas à vous que j'expliquerai que »* (suivi bien entendu de l'explication), etc.

– Faute de trouver du personnel de vente francophone parlant couramment le japonais, le chinois et même l'anglais, les entreprises de luxe ont souvent recours à des personnels étrangers pour recevoir leurs riches clients internationaux. Nous nous adressons ici à ces conseillers pour leur recommander de parler un excellent français. Songez à l'agacement des clients nationaux francophones face à un vendeur s'exprimant dans un français approximatif. Ce n'est pas votre accent qui est en cause (il peut d'ailleurs avoir un certain charme), c'est votre vocabulaire et votre syntaxe, quand ils ne sont pas au point. Et nous savons pertinemment en écrivant ceci que nous vous demandons beaucoup, car la langue et la grammaire françaises ne sont pas simples.

– Apprenez à penser de façon constructive, cela retentira sur vos expressions. Une règle simple consiste à pratiquer le « ni oui ni non ». Pour dire oui, employez plutôt des expressions telles que « tout à fait », « effectivement », « c'est vrai », « bien sûr », « bien entendu », « absolument », etc. Votre client se sentira ainsi valorisé. Et, bien entendu, vous ne savez pas dire non et disposez d'une panoplie de formules de remplacement. C'est une tournure d'esprit qu'il convient d'acquérir, qui fera votre différence et votre efficacité :

- *« Je comprends, laissez-moi vous en parler »* ;

- *« Je peux offrir d'autres options ; les voici ».*

Efforcez-vous – même si cela ne correspond pas à votre tempérament – de ne pas adopter d'emblée une attitude critique à l'égard de ce qu'avance votre client. Pratiquez le « ni oui ni non » pour que cela devienne un réflexe et vous serez serein – cela se sentira dans votre ton.

— Parlez au présent de l'indicatif plutôt qu'au futur. En conjuguant vos propos au présent, vous installez en quelque sorte votre client dans la possession de l'article ou du produit que vous lui présentez ; en en parlant au futur, vous éloignez l'entrée en possession. Bannissez le conditionnel, parce que ce mode véhicule un doute sur la réalité de ce que vous affirmez.

— Soyez rassurant par votre langage verbal (« certain », « absolument », « totalement », « vraiment », etc.) et non verbal (sourire, attitude corporelle droite, force qui émane de vous). Engagez-vous personnellement à travers l'emploi du pronom personnel « je ». Votre client sera rassuré s'il s'agit d'une relation personnelle.

— Utilisez les deux modes de compréhension de votre interlocuteur : logique, rationnel, d'une part – ce sont des moments pédagogiques qui vont permettre au client de comprendre ; affectif, sensible, d'autre part – ce sont des moments d'invitation à l'imagination, à la sensation personnelle.

— Employez des mots et des expressions empathiques (qui vous font entrer dans le raisonnement de votre interlocuteur) : « votre avantage », « vous y gagnez », « vous économisez », « vous enrichissez », « vous avez parfaitement raison », « je suis de votre avis », etc.

Haro sur certains mots

Évitez certaines pratiques qui vous seraient nuisibles. Bannissez l'emploi de mots et d'expressions qui vous disqualifient :

— *Les mots qui expriment votre malaise et qui vous déclassent (« comme on dit », « comme qui dirait », « pour ainsi dire », « par le fait », « disons », « je m'excuse », « y'a pas d'souci », et la répétition de « voilà », etc.).*

— *Le conditionnel, nous venons de l'écrire, parce qu'il exprime une incertitude (« en principe, vous devriez... », « il semble », « m'achèteriez-vous ? », « vous ne voudriez pas réserver cet article ? »).*

- *Les mots du timide («un petit peu», «votre petite visite», «un petit geste»).*
- *Les mots faibles («ça se vend», «c'est intéressant», «c'est valable», «c'est pas mal»).*
- *Les expressions négatives («nous ne sommes pas très connus», «ce n'est pas toujours facile d'avoir tous les produits», «notre magasin est trop petit»).*
- *Les mots «noirs» qui évoquent des obstacles («panne», «accident», «bris», «risque», «difficultés», «problèmes», «faiblesse»).*
- *Les expressions obséquieuses. Vous pouvez bien entendu flatter votre client, mais sachez le faire avec tact, intelligence et sincérité.*
- *L'abus de mots étrangers («cool», «booster», «soft», «top», «sweet»).*
- *Les mots et expressions à la mode («incontournable», «ça décoiffe», «quelque part», «c'est nul», «ça m'interpelle», «vous savez quoi?», etc.).*
- *Les superlatifs («extra», «super», «génial», «sans concurrence», «unique», «inégalable»: c'est démodé ou enfantin).*

Un dernier conseil: évitez de trop parler. Deux tiers pour votre client, un tiers pour vous semble être un bon rapport de temps de prise de parole respectif.

Soignez votre écriture

Quand votre visiteur ne prend pas immédiatement sa décision d'achat, il peut vous demander de noter sur une carte les références et le prix de l'article qui a retenu son attention. Or, la façon dont vous écrivez ces indications participe – ou au contraire altère – de l'impression d'élégance et de distinction qui émane de vous. Une belle écriture est révélatrice de vos belles manières. Et, surtout si vous devez envoyer une carte de vœux, une invitation, une belle attention: votre écriture vous représente.

L'exercice de la calligraphie, «art de bien écrire», c'est-à-dire former avec art les lettres que l'on trace, fait intégralement partie de la formation commerciale du conseiller. À défaut, un conseil simple: prenez votre temps, exercez-vous et écrivez avec application et toujours avec beaucoup de bonheur.

Chapitre 8

Comprendre le client ou l'univers des riches clients aujourd'hui

Votre clientèle est internationale et variée, et l'on peut être tenté de la regrouper en grandes catégories et d'adopter, pour chacune d'elles, un comportement type. Si cela reste envisageable, l'exercice s'avère difficile et présente des risques d'erreurs impardonnables. Peut-on limiter l'ensemble des clients à quelques typologies ? Et si l'on parvient à des regroupements homogènes, quelle approche faut-il envisager pour chaque groupe ?

L'inconvénient des typologies, c'est qu'elles vous entraînent à adopter des comportements stéréotypés qui ne correspondent pas nécessairement aux attentes de chaque client pris en particulier. Nous aurons l'occasion, plus avant dans ce livre, de souligner que tout client est unique et entend être traité comme tel.

Chercher à découvrir le client devant vous, l'individu, et non ce à quoi il ressemble, nous semble un exercice plus judicieux et moins périlleux. Vous trouverez ci-après quelques clés de lecture de vos clients du luxe aujourd'hui et les conséquences sur votre métier de conseiller.

Le client dans la surabondance

Il s'agit d'abord de la surabondance d'informations, dans de multiples médias, en temps réel, disponible en permanence et gratuite. Avant de venir, votre client a déjà effectué un travail de recherche approfondi. Il vous étonne par sa connaissance de votre marque, de vos produits. Comment lui répondre : «*Je ne sais pas*» ? Si votre client peut trouver ces informations, vous aussi *a fortiori*. Cette masse de données disponibles génère un stress de la vérité : comment distinguer le vrai du faux et le probable du possible ? Il attend de vous l'aide du spécialiste pour s'orienter et se faire sa propre opinion – c'est aussi pour cela qu'il se déplace pour vous en parler.

La surabondance de choix et de nouveautés est impressionnante ; il vous suffit de compter le nombre de variétés possibles pour un sac à main. La durée de vie des produits est écourtée : le lancement d'un nouveau sac chasse le précédent modèle, vite oublié. Comment faire le bon choix, ne pas voir son sac démodé le lendemain de son achat ? Une situation éminemment anxiogène : ai-je acheté le dernier modèle, qui me donnera satisfaction longtemps ? Vous jouez ici un rôle de guide ; n'hésitez pas à lui faire part de votre expérience dans votre secteur d'activité. Vos conseils judicieux feront de vous un conseiller de confiance.

Enfin, évoquons la surabondance émotionnelle. La fidélité aux marques ? Oui, mais plus aveuglément. C'est une quête de marques, de produits qui plaisent vraiment. Un sac acheté voilà trois mois seulement ? La cliente ne l'aime plus ; elle adore un nouveau sac qui lui procure encore plus d'émotion. Les clients ainsi escaladent en prix : chaque article acheté est plus onéreux que le dernier. Créer de l'émotion vous aidera à vendre, votre client en réclame.

Le client dans la surperformance

La société de l'instantanéité est devenue une réalité pour tous. La vie professionnelle, à travers les courriers électroniques, impose la culture de l'immédiat – chacun espère qu'on répondra à ses e-mails dans la journée et à ses SMS dans l'heure... La communication personnelle suit la trace de cette course effrénée à l'information. Tout savoir, tout faire, répondre à tout immédiatement. Tout est possible, tout de suite. Comment répondre à votre client : «*Demain, pas aujourd'hui*» ? Soyez rapide, ne le décevez pas.

De nos jours, la performance est exigée de tous. Elle devient une obligation, sinon un devoir. Les Anglo-Saxons vont jusqu'à dire que «*la réussite n'est*

© Groupe Eyrolles

pas une option». Le client reproduit cette exigence dans son quotidien, vis-à-vis de sa famille, de vous, des autres. Comment lui avouer que *«ce n'est pas possible»*? Ainsi cherchera-t-il également à réussir ses achats de produits de luxe. Acheter en étant parfaitement informé, faire le choix en toute connaissance de cause, obtenir le prix le plus bas... Soyez rassurant, aidez votre client dans la réussite de son achat. En toute sérénité.

Ces quelques traits généraux sauront vous inciter, nous l'espérons, à réserver un accueil encore plus aimable à vos clients. Partons à leur rencontre. Il suffit de faire le tour des boutiques de luxe à Paris pour avoir une première idée de ce que sont les clients du luxe aujourd'hui. La clientèle est internationale, notamment asiatique. Nous en parlerons plus tard, en vous donnant quelques clés, notamment sur les impairs à ne pas commettre.

Une nouvelle génération de clients

Ayant rejoint les rangs d'une clientèle traditionnelle fortunée, les clients du luxe sont également de nouveaux clients, attirés par le luxe. Internationale, la clientèle est en outre jeune pour une grande majorité, parfois très jeune, venant d'Asie. L'achat du luxe fait partie d'un style de vie, et n'est plus un achat d'exception. Certains conseillers pensent donc à tort qu'il faut adopter un style plus «cool». Or, cette clientèle plus jeune a droit, bien évidemment, au même niveau de service que celle plus âgée. Et, très souvent, c'est pour cela que ces nouveaux clients préfèrent les créations de qualité et un service d'exception. Si le ton peut être plus actuel, il ne sera jamais familier. Restez vous-même, impressionnez : vous savez le faire.

La clientèle locale : l'achat plaisir

— Parlons d'abord de la clientèle qualifiée de «traditionnelle». Riches et discrets, ayant un goût exquis, fruit d'années de consommation du luxe, ces clients achètent des produits de luxe en habitués et tirent fierté de leur fidélité à telle ou telle Maison. Vous vous devez de connaître parfaitement leurs préférences. Pour cette clientèle, c'est le sérieux de l'artisanat des Maisons de luxe qui importe. Une clientèle bourgeoise, qui défend la qualité et venant au luxe, faute de la trouver ailleurs.

— Ce sont aussi des clients dans la trentaine, souvent déjà entrepreneurs, vivant pleinement leur vie professionnelle et familiale. Ils parviennent à concilier un rythme de vie effréné avec un hédonisme sans complexes. Ils voyagent, s'informent, sont à l'affût des dernières tendances, pour les suivre, parfois les devancer. Cette clientèle n'hésite pas à afficher sa réussite, fruit de son labeur et de son audace.

— Les collectionneurs constituent une clientèle à part. Par exemple, un client passionné par l'art artisanal horloger est connu de toutes les boutiques d'horlogerie, achète, accumule ; il est insatiable. Tous les types de produits se collectionnent : chaussures, voitures de course, etc. Souvent devenus experts, ils connaissent les marques, les produits, le marché, l'industrie. Les collectionneurs font partie de votre monde et apprécieront les conversations autour de votre industrie, avides d'informations nouvelles, exclusives, et, encore mieux, de petits secrets.

— On trouve aussi des clients plus occasionnels, venant pour dénicher une paire de chaussures artisanales, ou un sac à main d'une Maison centenaire : ils sont à la recherche d'un petit bout d'héritage. Ils savent apprécier ce luxe qui leur apporte un plaisir d'exception. Vous n'hésiterez pas à complimenter ce client de son achat, et le remercier doublement d'avoir choisi votre marque. Ces acheteurs occasionnels font un effort significatif et méritent toute votre estime.

— Enfin, le luxe est aussi devenu accessible à un très grand nombre. Il peut très bien s'agir, par exemple, d'une petite pièce de maroquinerie, ou encore d'un achat pendant les ventes privées ou les périodes de soldes.

Quel comportement idéal adopter ? On ne le répétera jamais assez : il faut traiter les clients de la même manière. S'il existe des « petits » achats, il ne doit jamais y avoir de petits clients. Chaque client entrant dans une boutique de luxe s'attend à une qualité de service d'exception : donnez du plaisir, faites sourire. Un service moyen est toujours vécu comme une déception.

Même pour de petits achats, il n'y a pas de petit client

La clientèle internationale : l'achat d'opportunité

Sans doute avez-vous entendu parler de files d'attente, principalement composées de clients asiatiques, devant les magasins de luxe sur les Champs-Élysées ; ou avez-vous constaté la frénésie des touristes, toujours venus d'Asie, dans les grands magasins parisiens ? L'Asie consomme, dévore le luxe à pleines dents.

Il n'est pas évident pour vous, vendeur non asiatique, de distinguer un Chinois d'un Japonais, ou un Japonais d'un Coréen. Or, c'est indispensable. Aiguisez votre sens de l'observation, et, si nécessaire, posez la question à vos clients. Vous serez surpris de pouvoir assez vite faire la différence pour la grande majorité d'entre eux.

— Parlons d'abord des clients chinois. Ils viennent à Paris non seulement pour voir la Tour Eiffel, mais également pour acheter des produits de grandes marques françaises. Les achats font partie de leur programme. Souvent groupée, la clientèle chinoise est là pour acheter. Elle est, bien entendu, motivée par les prix : les taxes d'importation et la TVA sont très élevées en Chine. Après la détaxe, ces clients peuvent économiser 30 à 40 %. Ils sont pressés, achètent beaucoup et, parfois, appellent leurs épouses et amis en Chine pour vérifier un choix, un prix. Il convient, bien entendu, de les traiter avec la plus grande courtoisie et de les servir avec efficacité. Français, vous avez la réputation du peuple romantique à défendre... En raison de la barrière de la langue, vous devez savoir quels sont les produits préférés de cette clientèle, quelles sont les différences de prix avec la Chine, la disponibilité des modèles dans leur pays d'origine, etc. Ne les confondez pas avec les Japonais et soyez souriant ; surtout, restez très poli. Même si, parfois, leur comportement d'achat n'est pas toujours celui attendu dans un magasin de luxe, gardez-vous de tout jugement. S'ils ne vous comprennent pas toujours, ils vous observent. Souriez, appréciez, et soyez reconnaissant pour l'intérêt que cette clientèle porte au luxe français.

— Les clients japonais, eux, sont les grands initiés du luxe. Ils se distinguent principalement par leur courtoisie, une certaine timidité s'agissant des Japonaises et une relative rigidité pour les hommes. Ils se sont, en général, parfaitement préparés et ne viennent pas dans votre magasin par hasard. Peut-être ce Japonais a-t-il déjà fait téléphoner pour vérifier la disponibilité d'un produit et pris rendez-vous ? N'hésitez pas à proposer un rendez-vous pour pouvoir assurer un service d'exception. Ils connaissent, en général, parfaitement votre marque, son histoire, ainsi que ses points forts. Ils tiennent à visiter votre marque en France, comme on rend hommage à la source. Ici aussi se pose le problème de la barrière de la langue. Armez-vous de patience, exposez votre client japonais à de nombreux choix, de nombreuses options pour qu'il puisse donner son point de vue. Votre gestuelle est très importante : surtout restez vous-même, professionnel et précis. Les clients japonais prennent le temps de bien choisir, se montreront très patients — cela fait partie de leur art de vivre. Ils viennent également dans l'Hexagone avides de découvrir cet art de vivre à la française. Pourquoi les décevoir ?

— Pour sa part, la clientèle coréenne augmente, avec le succès économique du pays. Presque toujours en groupe, majoritairement masculins, les clients coréens souffrent de ne pas parler anglais, et d'être pris pour des Japonais. Comme il est extrêmement difficile de communiquer par des gestes, ils se retiennent d'acheter chez nous, en dépit des différences de prix significatives. Vendre reste cependant possible : inspirez-vous de l'histoire qui suit.

Une vente réussie

Dans une des plus belles Maisons parisiennes, une vendeuse remarque qu'une cliente cherche de l'aide. Son expérience de physionomiste internationale lui indique qu'il s'agit d'une aimable cliente coréenne. Avec un grand sourire, la vendeuse lui demande si elle vient de Corée, en prenant soin de bien prononcer en anglais «Corée» («Korea»). La cliente lui répond positivement, heureuse d'être reconnue. Notre vendeuse futée lui montre un document sur son iPad expliquant la différence de prix et la détaxe ; elle ajoute qu'elle va lui montrer le catalogue afin qu'elle puisse indiquer les produits qui l'intéressent. Ce sera le plus important achat de la journée pour ce magasin de luxe !

— Quant à la clientèle venant du Moyen-Orient, nous commençons par une recommandation importante, qui vous éloigne de toute simplification : apprenez la géographie et les quelques faits essentiels de cette partie du monde, à trois heures seulement de vol de Paris. C'est une région riche et diverse. Vous êtes Français avant d'être Européen : il en va de même pour ces clients, fièrement attachés à leur pays et à leurs spécificités culturelles et religieuses. Vis-à-vis de ces hommes ou de ces femmes, lorsqu'ils arborent une tenue « à l'occidentale » et communiquent avec vous en anglais, voire parfois en français, vous êtes simplement invité à vous comporter avec eux comme vous le faites avec tous vos clients. Lorsque l'habit se fait traditionnel, c'est une invitation à respecter leurs coutumes. Soyez naturel, n'exprimez aucune gêne, demeurez avant tout professionnel, efficace et courtois.

Quelques conseils
pour bien accueillir le monde chez vous

De façon générale, évitez tout contact physique avec votre clientèle internationale.

Parlez doucement, faites des phrases courtes.

Si vous ne comprenez pas, souriez et dites-le, puis demandez au client de vous écrire sa demande. Vous pourrez ainsi facilement trouver de l'aide auprès des autres conseillers.

— Enfin, la clientèle russe est en général plus facile à identifier. Ici encore, refusez les clichés ; certaines idées préconçues ne doivent pas dicter votre conduite. Agissez de la même manière, montrez votre savoir et votre sens de l'accueil à la française. Certes, certains clients masculins peuvent marchander âprement : ce sont des hommes d'affaires rompus à l'art de la négociation. Faites face avec un tact rigoureux.

Faut-il adopter des comportements spécifiques, apprendre quelques mots de chinois, de japonais, ou de russe ? Peut-on serrer les mains ? Quels sont les interdits comportementaux ? Agissez simplement et, autant que faire se peut, comme pour votre clientèle locale : le luxe, l'amabilité, doivent être au rendez-vous. Préférez la posture naturelle, vous serez plus sincère ; évitez l'erreur qui consisterait à copier des comportements absents de votre culture. Enfin, montrez-vous sous votre meilleur jour devant chaque client, soyez nécessairement serviable et plaisant. Vous êtes l'ambassadeur non seulement du luxe et de votre marque, mais aussi celui de la France.

Chapitre 9

Du rôle de la vanité et de l'estime de soi dans la vente

Si l'on recherche la compréhension la plus complète du client, si l'on tente de pénétrer dans les ressorts les plus personnels de sa décision d'achat, ou de sa réticence à acquérir un produit de luxe, on ne peut pas se limiter à l'exploration de la relation du client au prix, à la qualité, à l'exclusivité de l'article ou du produit en question. Il faut aller plus loin et comprendre ce que recèle un achat de luxe dans la relation de l'acheteur à autrui. Dès lors que l'on exhibe la possession d'un produit de luxe auprès de son entourage, qu'il soit proche ou lointain, on n'est pas loin d'une attitude vaniteuse, quand bien même on n'en serait pas conscient.

Vanité ou affirmation de soi ?

La vanité, particularité d'un individu satisfait de lui-même et étalant cette satisfaction, a une connotation négative : nombreux sont ceux qui la considèrent comme un défaut de caractère. Le vaniteux est celui qui cherche à briller, sans doute au-delà du raisonnable, aux yeux des autres. Il tend à prendre un ascendant sur les autres, puisqu'il tient à montrer la supériorité de certaines de ses caractéristiques.

Si l'on pousse plus loin l'analyse, on peut se demander si le vaniteux, par l'affichage de ce qu'il considère comme une supériorité ou une particularité qui le distingue des autres, ne se lancerait pas dans une quête sans fin d'estime de soi, ou plus précisément d'affirmation de soi, à travers la recherche du regard de l'autre.

Plus acceptable, l'affirmation de soi est l'expression d'une attitude inté-rieure de la personne qui la conduit à penser qu'elle est importante, qu'elle a une valeur, du goût, des talents. L'affirmation de soi, comme la vanité, se nourrit de l'image positive que l'individu a de lui-même et se développe au contact des autres. Il lui faut des instruments pour la manifester ; on en voit l'importance pour l'industrie du luxe. Cette affirmation de soi n'est pas un état statique, mais un mouvement qui pousse la personne vers l'avant.

Ce type de clients veut toujours plus. Ils se trouvent dans un processus d'estime de soi qu'il faut sans cesse alimenter. Ne serait-ce que pour prendre soin d'eux. Et, à chaque nouvelle alimentation, il n'est pas rare qu'ils cherchent à surpasser l'acquisition précédente. Autant une faible estime de soi se traduit par un besoin de compenser, autant, ici, il ne s'agit pas de compensation, mais d'enrichissement. Cela n'est pas synonyme de faiblesse de l'estime de soi ou de son absence, mais signale plutôt une tendance à toujours se montrer au-dessus, nettement au-dessus du lot, ou à tout le moins, à se distinguer par certaines caractéris-tiques que les autres n'ont pas et qu'on veut livrer à l'admiration de son entourage. Il y a de l'ambition dans l'affirmation de soi. Un peu à l'image de l'artiste, ayant besoin du regard du spectateur pour briller. On pense ici à Talleyrand qui se déclarait *« humble quand je me considère, mais sûr de moi quand je me compare »*.

Il y a de l'ambition dans l'affirmation de soi

En même temps, l'achat d'un produit de luxe, sa possession et son exhi-bition aux yeux des autres ne contribuent-ils pas à renforcer son estime de soi, c'est-à-dire la valorisation de la façon dont on se considère ? Le regard social est un élément constitutif de l'estime de soi.

Or, point de luxe sans vanité ! On n'achète, bien entendu, pas un sac à main de grande marque seulement pour soi, mais également pour l'exhiber. On s'habille de grandes marques non pas pour le confort ni la durabilité des habits (sans toutefois l'oublier), mais bien pour paraître. Et si, parfois, cer-tains clients préfèrent de nouvelles marques, en précurseurs, et prétendent ne pas être sensibles aux grandes marques, n'est-ce pas une autre forme de vanité ? Prenons un exemple : un client affirme avoir en horreur cette tendance à exhiber des marques, comme des nouveaux riches, et préfé-rer ainsi collectionner des montres Patek Philippe, plus discrètes, moins tape-à-l'œil... Il y a toujours une vanité quelque part qui se manifeste sous des formes parfois différentes.

Ce besoin de vanité peut être considéré comme un besoin de reconnaissance à la fois social – comment suis-je vis-à-vis des autres ? – et personnel – comment suis-je vis-à-vis de moi-même ? Le luxe donne au client une mesure de sa propre valeur. Lorsque la vanité se fait sociale, on est dans l'image de soi. Si j'achète ce produit, comment serai-je perçu par les autres ? Et surtout par mes semblables : suis-je *in* ou *out* ? Suis-je *up* ou *down* ? Le client doit se sentir valorisé par le produit. En cela, un produit de luxe contribue à développer la confiance en soi des clients.

Lorsque la vanité se fait personnelle, c'est une certaine forme d'hédonisme. Il s'agit de se donner du plaisir et de profiter de la vie à travers une consommation de luxe, d'exception. Ce n'est pas nécessairement signe d'arrogance, mais plutôt une véritable appétence, une recherche de satisfaction de besoins, de penchants naturels que l'on peut décrire comme une joie de vivre et la conscience d'avoir la chance de pouvoir vivre en privilégié.

Bien entendu, le client du luxe n'avouera pas qu'il achète une grande marque pour la seule marque et ce qu'elle lui procure en termes de reconnaissance sociale et d'hédonisme. L'achat d'un article de luxe consacre un client étranger : il achète la culture française. Son achat lui apporte un enrichissement culturel. Pourtant, le client préférera parler du côté sérieux et tangible du produit. Ainsi, il dira qu'il a un faible pour les créations de la Maison Hermès, qui sont toujours de grande qualité. Le même prétendra qu'un sac de grande marque est, au fond, une meilleure affaire, car plus durable, et qu'il est certain de l'aimer encore longtemps.

De même, le client n'avouera pas qu'il a besoin d'être reconnu, sinon admiré. Parfois, il hésite à évoquer les notions de plaisir personnel, culpabilisantes dans une culture européenne. C'est, bien entendu, moins le cas en Chine par exemple, où l'on n'hésite pas à associer le produit de luxe à un statut social. Au fond, pourquoi pas ? Nous avons tous besoin du regard positif des autres. La recherche de plaisir fait partie de la vie, c'est un besoin humain. Elle s'exprime simplement de façon différente s'agissant des produits de luxe, probablement de manière plus visible.

Du narcissisme

Le rapport d'une personne à l'objet de luxe relève également du narcissisme. Si le vaniteux se place sous le regard d'autrui, il n'en va pas de même de la personnalité narcissique, car celle-ci se considère par rapport à elle-même. C'est elle qui définit sa propre importance. Étant sa propre référence et imbue de sa personne, elle est le juge de ses capacités, de son pouvoir, de ses réalisations, de ses succès. Elle se pense unique et, malgré tout, a besoin d'être admirée, sa propre admiration ne lui suffisant pas.

Quête de sens

Et si — comme le rappelait Jean-Louis Dumas, ancien président de la Maison Hermès, « le luxe, c'est ce qui dure plus longtemps que vous » —, l'acquisition d'un produit de luxe faisait accéder à une dimension d'éternité ? C'est aussi, souvent, une très belle quête de sens. Il peut s'agir de vouloir créer une tradition. Un bijou de famille porte toujours en soi cette heureuse dimension humaine, au-delà du produit. Il peut y avoir aussi une volonté de consommer différemment, surtout avec une clientèle plus jeune. Le luxe, c'est aussi consommer mieux, mais moins. Une excellente paire de chaussures est pour une vie, pour celui qui sait l'apprécier, l'acquérir et l'entretenir.

Quête du bonheur

On peut aussi s'interroger sur la relation entre la possession d'un objet de luxe et la quête du bonheur, encore que la notion de bonheur soit difficile à évaluer. On sait que le bonheur est un état de plénitude et de satisfaction plus ou moins durable.

Étymologiquement, l'*heur* vient de deux sources latines : d'une part *augere*, *auctus* (« s'accroître »), qui a donné « augmenter » ; d'autre part *auctor* (« qui fait croître »), ce qui convient bien ici où il est question de vente et, donc, pour l'acheteur, d'achat et d'acquisition.

On peut au moins estimer que, sinon au moment même de l'achat (car à ce moment-là une sourde inquiétude est souvent présente), au moins quand celui-ci a été conclu et que le client est entré en possession de l'objet luxueux, une vague de bien-être l'envahit, et s'il ne nage pas dans le bonheur, il n'en est pas loin.

N'hésitez pas à toujours porter une attention particulière aux notions d'image de soi, d'affirmation de soi et de plaisir personnel, et à prendre conscience des dimensions de vanité, narcissisme et sentiment de bonheur de vos clients, à les comprendre et, enfin, à bien en utiliser les conséquences en situation de face-à-face.

La particularité de la vente de produits de luxe tient à ceci que la satisfaction réellement attendue par le client est du domaine de l'indicible, c'est-à-dire qu'elle ne peut être dite, ni même évoquée (ou à peine indirectement et avec beaucoup de délicatesse), alors qu'elle est réellement présente en arrière-plan de la conversation de vente. Pourtant, il faut savoir le dire. On aura recours à des expressions valorisantes pour le client ou la cliente telles que :

- *« Vous êtes connaisseur, initié »* ;
- *« Vous le méritez »* ;
- *« Vous êtes parfait »* ;
- *« C'est un choix d'exception digne de vous »* ;
- *« C'est une proposition exclusive, pour initié »* ;
- *« C'est ce qui se fait de mieux, et est reconnu comme tel ! »* ;
- *« Soyez vous-même ! »* ;
- *« C'est vraiment vous ! »* ;
- *« Vous êtes magnifique ! »* ;
- *« Faites-vous plaisir ! »*.

Il faut considérer que les riches ne se distinguent pas fondamentalement du commun des mortels. Comme tout un chacun, ils sont dans un processus **d'affirmation de soi**. En Inde, parmi les pauvres, la première acquisition, après les produits alimentaires, est le téléphone portable... Vient ensuite la télévision, quête de plaisir, d'un certain style de vie. Au fond, le téléphone et le téléviseur sont dans leur esprit des objets de luxe qui élèvent les indigents au-dessus de leur condition[1].

---

1. *« Un pauvre sans accès à la télévision est privé non pas d'un bien superflu, mais d'une dimension essentielle : celle de partager le même imaginaire que ses semblables »* (Cohen, D., *Homo Economicus*, Albin Michel, 2012).

Nos clients du luxe l'affirment différemment, à travers les besoins :

- du prestige de la marque : voilà qui je suis (affirmation de soi) et aussi qui j'ambitionne d'être ;
- de qualité absolue : je suis le meilleur (vanité) ;
- de plaisir ici et maintenant (hédonisme, je le mérite et c'est ma récompense) ;
- de reconnaissance (achat charité[1]) : je suis reconnu (estime de soi) ;
- de bonheur, ou plutôt de petits instants de bonheur, ou la quête de plaisirs pour soi (hédonisme) ;
- de rareté (tableaux, etc.) : je suis unique (vanité), etc.

Vanité, narcissisme, hédonisme, estime de soi, affirmation de soi : que ces tendances soient perçues comme des faiblesses humaines ou comme des forces de développement des individus, ne seraient-elles pas des portes qui s'ouvrent vers la noble quête de l'absolu ?

---

1. Nous nommons ainsi les achats que l'on fait pour donner. Il peut s'agir d'une vente aux enchères au profit d'une association, d'acquisition de tableaux dans le but de les donner un jour, ou encore de la défense d'une cause. L'affichage de cette intention par le client se fait très souvent au grand jour ; moins en France, mais toujours aux États-Unis et en Asie.

Chapitre 10

Les étapes de la vente

Si vous soupesez le poids respectif des différents chapitres qui composent le présent ouvrage, les pages consacrées à ce qu'on appelle couramment les techniques de vente ne sont pas les plus nombreuses, tant il est vrai que ce qui concourt au succès d'une vente, spécialement dans les domaines du luxe, ne résulte pas d'un enchaînement de séquences dans un ordre mécanique comme certains, non seulement le pensent, mais aussi l'enseignent. Il est d'ailleurs intéressant de constater que, parce que nous nous trouvons dans l'échange entre humains, avec tout ce que cela comporte de jeux extrêmement complexes d'influences réciproques, le «toutes choses égales par ailleurs» cher aux scientifiques n'a pas sa place ici. Nous sommes dans un espace où l'aléa prend une place importante. Pour écrire autrement ce constat, l'ordinateur est incapable de se substituer aux hommes dans la compréhension de ce qui se passe entre le conseiller et l'acheteur, et c'est tant mieux. Le moment n'est pas venu, s'il arrive un jour – ce à quoi nous ne croyons pas –, où il suffira de nourrir l'ordinateur de données extrêmement nombreuses pour décider à coup sûr du meilleur choix convenant à une personne qui désire acheter un produit de luxe.

Ceci étant posé, il ne faut pourtant pas croire que les échanges qui président à toute vente sont purement irrationnels et donc difficiles à maîtriser. Quelques règles, issues de l'expérience, existent, dont nous allons faire état ci-après.

Dans la pensée du client

Pour guider votre démarche auprès du visiteur qui vient d'entrer dans votre boutique, et afin que vous vous adaptiez aussi étroitement que possible à ce qu'il ressent, nous allons reprendre les questions – non formulées, mais bien présentes dans l'esprit de celui ou ceux que vous recevez :

- ai-je envie d'entrer et de rester dans l'espace de vente ?
- ai-je pu voir ce que j'ai envie de voir ?
- suis-je intéressé par ce que j'ai vu ?
- suis-je persuadé ?
- dois-je prendre la décision aujourd'hui ?
- vais-je revenir ?

L'effort du conseiller est de faire croître l'intérêt du client tout au long de ces étapes de vente.

Le client entre dans une boutique avec une motivation, qui peut très bien être la curiosité, l'envie de se faire plaisir, ou encore la recherche d'un produit précis...

Très peu de clients entrent dans une boutique de luxe la première fois avec l'objectif d'acheter. De très nombreux achats sont faits lors de la deuxième visite, si la première visite a été probante.

Le client acquiert ensuite la conviction qu'il s'agit de la bonne marque, du bon produit, et qu'il s'agit bien de l'endroit et du bon conseiller pour lui... C'est la phase de séduction réussie du conseiller.

Pour venir à la décision, le client entre dans un processus d'objection et de demande de réassurance. Seules les objections permettent de rassurer et d'amener à la décision. C'est la phase réussie de l'assurance – le conseiller aura réussi à éliminer les peurs, donnant à la visite un dénouement heureux.

Chaque entretien de vente est un événement unique...

Bien entendu, aucune conversation de vente ne ressemble à celle qui l'a précédée et à celle qui suivra. Même deux rencontres à peu de temps d'intervalle avec la même personne ne se dérouleront pas de façon identique.

... et son plan est universel

Cependant, toute conversation de vente, correctement conduite, est organisée selon le même plan :

- La **préparation** constitue un préalable avant la venue du client.

- L'**accueil**, qu'on l'appelle «entrée en matière» ou «début de la visite du client», désigne le début de la rencontre entre le client et le conseiller et se termine par l'acceptation du client d'entrer en conversation, notamment en prenant place à la table de vente.

- La **découverte**, c'est-à-dire le recueil des informations indispensables au conseiller pour adresser à son client le message de vente (proposition et argumentation) le plus étroitement adapté à celui-ci, trouve son point d'achèvement dans l'identification d'un produit ou d'un service à proposer et à présenter.

- La **présentation argumentation**, c'est-à-dire la mise en présence du produit que le conseiller souhaite faire acheter au client, suit la logique de la séduction et est en général ponctuée par des questions du client. Présenter, argumenter, romancer, relève de la même logique : il s'agit d'établir et de renforcer le lien des motivations clés avec le client. C'est pendant cette étape qu'on va parler de tout ce qui conduira à l'achat : marque, produit, prix, lieu, temps. Si le client est intéressé, les objections font surface.

- Le **traitement des objections** est l'occasion de renforcer la persuasion en permettant au conseiller de mieux s'ajuster à ce que le client souhaite. En effet, ce dernier manifeste souvent des réticences avant de prendre la décision d'acheter. Ces réticences se manifestent par des **objections**, qui ont pour particularité d'être exprimées à tout moment de l'entretien de vente, mais le plus souvent avant de prendre la décision d'acheter, c'est-à-dire avant la conclusion.

- La **conclusion**, c'est-à-dire l'accord qui scelle la vente et la prise de décision du client, est à l'initiative du conseiller qui confirme bien au client qu'il s'agit du bon choix, ici et maintenant.

- La **fin de la visite** désigne le moment où acheteur et conseiller vont se séparer en fin de conversation. Avec ou sans achat, le conseiller s'active déjà à faire revenir son client.

- La **fidélisation** du client suppose la construction d'une véritable relation.

L'ordre des phases est impératif

S'il n'y a pas de recette magique pour vendre, il existe une démarche intelligente

On retrouve ces huit phases dans cet ordre dans toute vente. Leur durée est extrêmement variable, pouvant aller de quelques secondes à plusieurs dizaines de minutes. Chaque phase de la vente sert de fondement à celle qui lui succède et trouve sa légitimité (ou les raisons de son insuccès) dans celle qui la précède.

**Rien ne sert de courir,
il faut partir à point**

C'est cela qui différencie les conseillers expérimentés des conseillers qui débutent. La grande expérience et les nombreuses pratiques de situations de vente ne dispensent pas d'une prudence et d'une approche toujours progressive de l'acte de vente. Mettez pour chaque étape un objectif à atteindre. Présentez réellement si vous savez ce que votre client recherche. Réduisez les réelles objections et concluez si vous êtes certain de l'intérêt de votre client.

Chapitre 11

Votre préparation fait la différence

Voici une anecdote en guise d'introduction à ce chapitre. Un artiste peintre chinois très célèbre reçoit un jour, de la part d'un propriétaire de grand cru dans le Bordelais, une commande pour un tableau. L'artiste au château réalise en dix minutes sa peinture chinoise, une calligraphie de grappes de raisin. Le propriétaire lui fait remarquer avec humour qu'au prix du grain de raisin et à la vitesse de la réalisation, c'est sans doute le vin le plus cher au monde... Avec un sourire, le maître répond au propriétaire qu'effectivement, chaque grain de raisin dessiné ressemble à un grand cru : chaque grain a nécessité plus de vingt ans de préparation !

Un conseiller ressemble à un acteur, ou encore à un chef de cuisine : lorsque le rideau se lève ou que le client est dans la salle, la réussite repose sur la préparation. Vous, conseiller, êtes-vous prêt à la vente lorsque le client se présente devant vous ? Vous n'aurez pas droit à l'erreur ; le temps de la visite de votre client est limité. S'il faut s'adapter, faire preuve d'intelligence, la vente ne doit jamais être une improvisation. Improviser est le plus sûr chemin pour aller à... l'échec.

Vous êtes l'ambassadeur du luxe, de votre marque, mais aussi celui de la France

Un conseiller bien préparé se voit et inspire confiance. Un conseiller compétent a une plus grande confiance en lui. Plus performant à la vente, il est aussi un conseiller plus heureux.

Les trois savoirs de la compétence

Un vendeur compétent dispose des connaissances nécessaires, maîtrise son savoir-vendre et sait toujours adopter la bonne attitude. C'est la combinaison de trois savoirs : savoir, savoir-faire et savoir-être. Nous vous invitons à explorer toutes les pistes de la préparation, car votre succès repose pour une grande part sur votre capacité à vous mobiliser.

■ Savoir

Un conseiller est d'abord détenteur de connaissances. D'abord sur les produits qu'il vend ; il doit connaître toutes les caractéristiques des articles ou des produits présentés. Il n'y a rien de plus déplorable — et impardonnable quand on exerce son métier dans le commerce de luxe — que de découvrir un détail remarqué par un client et inconnu du conseiller. Cette connaissance s'étend bien sûr à sa propre marque, à son entreprise et à ses ramifications. Mais aussi au réseau de distribution, à la concurrence et aux tendances du marché. Faites l'effort d'acquérir une expertise dans les produits que vous vendez : vous en tirerez une grande satisfaction (le coup d'œil de l'expert). Soyez en permanence à l'affût de nouvelles connaissances.

Pour y parvenir, vous pouvez d'abord recourir aux informations internes. Elles sont en général très nombreuses et très souvent ignorées des conseillers. Ce sont les modules de formation, les fiches produits, ainsi que les catalogues, les sites Internet et les rapports annuels.

Nous vous invitons à devenir acteur de vos connaissances : soyez exigeant envers vous-même en refusant l'ignorance ou l'approximation. Vous êtes pris d'un doute ? Cherchez la réponse dans l'entreprise, sur Internet, les blogs, les magazines et sites professionnels. Soyez curieux : n'hésitez pas à visiter les marques concurrentes, à vous intéresser aux produits de luxe de votre secteur, ainsi qu'aux autres types de produits.

Enfin, posez-vous toujours la question de la formulation, c'est-à-dire des mots qui vous permettront de décrire et de valoriser ce que vous présentez au client. Ce qui est clair s'énonce bien : saurez-vous l'expliquer au client ?

■ Savoir-faire

À ingrédients disponibles similaires et recette identique, le meilleur chef se distingue par sa maîtrise technique. Vous avez déjà assisté à des formations à la vente visant à vous apprendre à progresser ?

Vous apprenez d'abord de votre propre expérimentation. Faites de votre boutique la meilleure des écoles : un précieux champ d'expérimentation.

Vous avez obtenu un succès ? Qu'est-ce qui a particulièrement bien marché pendant la vente ? Vous avez expérimenté un blocage devant le client ? Si c'était à refaire, comment s'en sortir ? Demandez l'avis de vos collègues, en échangeant simplement avec ces derniers après chaque visite ; ils ont pu observer le déroulement de l'échange et ont certainement des éléments d'information à vous apporter.

Avez-vous pensé à apprendre de la concurrence, de vos meilleurs confrères ? La pratique des visites en client mystère vous ouvre aux techniques de vente des conseillers chevronnés. Il est également indispensable de se mettre de temps en temps à la place de vos clients.

■ Savoir-être

Disposant des meilleurs ingrédients, maîtrisant parfaitement les techniques culinaires, le meilleur des chefs de cuisine est probablement aussi le plus apte à mobiliser son équipe autour de sa personnalité. Nous avons insisté dans le chapitre 2 sur l'importance de la bonne éducation. Conseiller du luxe, vous exercez un métier complexe : il combine à la fois vente et service. Face aux clients, vous ne pouvez pas vous cacher. Il ne s'agit pas, bien entendu, de changer sa personnalité ou, pire, de jouer un rôle.

Vous n'avez pas choisi ce beau métier de conseiller des produits de luxe par hasard. Vous aimez le contact ; laissez-vous aller dans ce sens. Nous vous proposons deux techniques de développement pratiquées dans les écoles d'art dramatique :

- placez-vous devant un miroir et regardez-vous ; mettez-vous à la place du client : comment vous voit-il ?
- imaginez-vous au centre de toutes les attentions : comment souhaitez-vous être vu, perçu ?

Se doter d'outils efficaces

Il n'y a pas bon artisan sans outils bien affûtés ; cela se vérifie également dans la vente. Si un bon conseiller dispose d'outils, un très bon conseiller crée ses propres outils. Il peut s'agir d'un classeur d'informations utiles, de fiches aide-mémoire, de photos pour apporter la preuve en images de vos arguments : nous en reparlerons au chapitre 17, au sujet de la démonstration.

La boîte pédagogique:
un outil probant

Prenons l'exemple d'un conseiller de vente d'une grande Maison de chaussures qui fait la démonstration d'une ingéniosité remarquable. À ces clients qui demandent un détail technique, il sort une valisette où sont rangées les différentes pièces qui constituent une paire de chaussures d'exception. Il leur explique ensuite en trois minutes les étapes de la fabrication en insistant sur l'exceptionnelle qualité des réalisations.

Chapitre 12

L'accueil du visiteur : une impression indélébile (de l'entrée en relation à la conduite de l'entretien)

Cet homme, cette femme, ou ce couple qui vient d'entrer dans le lieu de vente n'est pour le moment qu'un visiteur. Pas encore un client. Certes, cette personne vient de pousser la porte, mais rien ne dit qu'elle ira jusqu'à l'achat. En cet instant, ce n'est qu'un client potentiel. Cependant, votre apparence et votre comportement vont exercer un rôle, positif ou négatif, dans l'évolution du visiteur vers la décision d'achat.

Nous voulons d'abord vous rendre sensible à un phénomène auquel, bien souvent, on attache peu ou pas assez d'importance : celui de la première rencontre entre deux inconnus, le visiteur et le conseiller de vente.

Le visiteur, sauf s'il est un habitué de votre magasin, ne connaît pas le lieu dans lequel il vient d'entrer. Il tente d'en prendre rapidement la mesure générale ; peut-être repère-t-il un point attractif, même si cela ne correspond pas nécessairement à l'objet de sa recherche, et il commence à se déplacer. Très souvent, il donne l'impression d'entrer à la sauvette, ne voulant ni déranger ni être dérangé.

Au début de la visite du client, vous, conseiller, n'êtes qu'un élément du décor. Puis vous entrez dans son champ de vision en tant qu'être humain. Et le relationnel qui va peu à peu se construire va peser au moment de la décision. Il vous faut passer du stade de préposé à la vente à celui de conseiller personnel devenu crédible au point d'être consulté par le client au moment de faire son choix. Cependant, pour le moment, le visiteur souhaite-t-il s'adresser à vous ? Ne préfère-t-il pas plutôt rester libre de ses mouvements ? Observez non seulement la réaction agacée de ce client ou cette cliente à votre proposition très empressée de lui venir en aide, mais aussi la réaction reconnaissante du client et de la cliente un peu décontenancé(e) par le lieu où il/elle se trouve. Vous vous interrogez sur le juste comportement à adopter.

Un simple regard, éclairé par un léger sourire, sans mouvement en avant de votre part, résout la question, laissant le visiteur libre de ses déplacements tout en sachant qu'il peut s'adresser à vous s'il a besoin d'une information. Il est possible que le contact avec ce visiteur en reste là ; il quitte le lieu de vente et vous le saluez aimablement. Ce visiteur peut aussi, en réponse à cette sorte d'interpellation muette par le regard et le sourire, s'adresser à vous. Comment va-t-il vous percevoir ?

L'image que vous voulez donner de vous

Tout entretien réunissant deux personnes ou plus est une démarche interactive par laquelle chaque protagoniste exerce, volontairement ou non, une influence sur l'autre. À cet égard, il est important d'envisager les effets que l'on souhaite produire chez ses interlocuteurs, afin de mieux maîtriser sa communication.

La maîtrise du personnage que vous exposez à l'observation de vos interlocuteurs commence dès le premier instant de votre rencontre.

Nous sommes souvent étonnés du peu de cas qui est fait du début d'une présentation, d'une première rencontre. Or, il se passe à cet instant un événement bref qui peut avoir un caractère décisif pour la suite de la relation. En un clin d'œil, plutôt inconsciemment, le visiteur va percevoir votre personne physique – stature, visage, tenue, allure générale – et déjà un phénomène d'attraction ou de répulsion va se manifester et qui dépend en grande partie de vous. Aussi, nous avons commencé cet ouvrage par parler de vous, conseiller de vente. Ou plutôt de ce qu'on pourrait appeler les ingrédients de votre attractivité personnelle sur lesquels vous avez prise (votre sexe, votre origine géographique, votre corpulence et votre taille étant évidemment invariants). Une énergie se dégage de vous ; elle est immédiatement ressentie.

Quelques instants après, ce seront vos expressions et votre langage qui seront examinés. Quelle opinion le client aura-t-il de vous ? Vous ne pouvez pas laisser l'appréciation qui en résultera au seul hasard. Quelle impression souhaiteriez-vous donner de vous ? Comment avez-vous réglé tous ces détails, si tant est que vous leur donniez déjà l'importance qu'ils méritent ? De quels atouts disposez-vous ?

Il existe, dans certains manuels et certaines formations élémentaires de vente, des formules qui proposent de façon stéréotypée un aide-mémoire comportemental (on vous parlera des quatre fois vingt : les vingt centimètres du visage, les vingt premières secondes, les vingt premiers pas, les vingt premiers mots, etc.). L'ennui, avec ces formules, est qu'elles n'expliquent pas pourquoi un certain comportement est prescrit et qu'elles ont une prétention universelle. Or, de même que vos interlocuteurs et les situations rencontrées sont tous différents, de même chacun de nous est unique. Il vous faut donc des conseils personnalisés.

Donner de tels conseils dans un ouvrage revient à proposer la même manière de se comporter à tous nos lecteurs. Le risque d'uniformisation est évident. Pourtant, en respectant votre personnalité et, bien entendu, vos atouts physiques, les quelques éléments qui suivent vous permettront de composer ce qui deviendra votre style personnel.

Quelles sont vos intentions ? Vous souhaitez sans doute que votre interlocuteur pense de vous, dès le début de l'entretien, que vous êtes un personnage agréable à fréquenter, homme ou femme de dialogue, à l'écoute de ses préoccupations.

Votre client attend un conseiller professionnel et sympathique

Votre client attend quelqu'un dont on se souvient. Quelqu'un de sympathique, avenant, cordial, courtois, chaleureux, ayant un bon relationnel, répandant l'optimisme autour de lui. En somme, un personnage dense, qui existe et qui se manifeste. Il ne souhaite pas avoir juste un conseiller en face de lui, mais une personne qui est là pour l'aider si nécessaire et rendre sa visite agréable. Bien entendu, ce portrait central correspond pour partie à ce que vous pensez être. Peut-être certains aspects mériteront-ils un surcroît d'attention de votre part pour être renforcés.

Retentissement du premier contact avec le visiteur

Pour comprendre le retentissement d'une entrée en matière réussie sur la suite de l'entretien de vente, il suffit d'imaginer les conséquences d'une prise de contact maladroite. Ce conseiller qui se précipite et parle fébrilement, trahissant ainsi son angoisse, celui-là dont, d'un coup d'œil, l'interlocuteur perçoit le manque d'aisance, cause de ses maladresses d'expression, ou encore celui qui répand dans le magasin une forte odeur de transpiration, sont autant de personnages qui, par leur manque de savoir-faire ou de savoir-vivre, plombent, dès les premières minutes de la rencontre, l'impression qu'en reçoit le visiteur. Dès lors, une gêne, une réticence l'envahit, qui mine la considération non seulement du conseiller, mais aussi de la marque qu'il représente (« *sont-ils tous aussi peu professionnels ou vulgaires dans cette Maison de luxe ?* ») et des articles qu'il propose. La coopération attendue de l'interlocuteur lors de la découverte se fera réticente ; la découverte (si tant est que ce genre de conseiller la conduise correctement) étant insuffisante, toute la suite en subira la répercussion : proposition, argumentation et conclusion.

Inversement, une entrée en matière appréciée par le client augure favorablement de la suite de l'entretien. Il y a là une interaction par laquelle ce que le client ressent heureusement se manifeste dans son attitude et son expression, ce que, à son tour, le conseiller capte et qui le stimule, et ainsi de suite par rebonds successifs entre les deux interlocuteurs tout au long de l'entretien de vente.

Et voilà que, contrairement aux autres, ce conseiller-ci, par sa façon de se présenter et d'ouvrir l'entretien, lui a plu. Il s'est mis à observer le conseiller. Les regards des deux interlocuteurs se sont croisés. Et le conseiller a compris ce que les yeux du client lui renvoyaient : un signe d'intérêt, de satisfaction peut-être. En tout cas, une nette invitation à poursuivre.

Les dangers de l'obséquiosité

Certains conseillers, peut-être parce que leurs clients les impressionnent, ou parce que, se sachant moins fortunés, ils nourrissent un complexe d'infériorité, croient habile de se montrer serviles ou courtisans et flattent d'une façon un peu trop appuyée leur visiteur. Ils ne se rendent pas compte que leur obséquiosité les déclasse et les range dans la catégorie des domestiques que l'on méprise un peu.

D'autres, parce qu'ils ont appris beaucoup de choses en écoutant leurs clients fidèles se révéler, et c'est une autre forme de maladresse, pensent qu'il est utile d'évoquer ouvertement certains aspects de la vie personnelle, familiale ou sentimentale de leurs clients. Or, même si le client se plaît en votre compagnie, cela ne vous autorise pas à vous montrer familier avec lui. Chacun doit garder ses distances.

Et si, néanmoins, vous vous sentez proche de votre interlocuteur sur certains points, pourquoi ne pas en réserver l'évocation à la fin de l'entretien ? Mais toujours avec précaution et délicatesse. Une certaine réserve est donc toujours nécessaire : le risque est grand du mauvais mot, de la mauvaise plaisanterie, du mauvais comportement. Votre aisance peut très vite devenir familiarité, selon les jours, selon les moments.

Il est évident que votre client est fortuné et parfois vous le fait savoir. Ne sous-estimez pas vos atouts : vous êtes le spécialiste du produit, du service, de l'équipement que vous vendez ; vous représentez une marque prestigieuse, connue et admirée d'un très grand nombre. Probablement votre client en fait-il partie. Il aime votre univers du luxe, les produits, votre marque : vous avez là toutes les possibilités d'exprimer votre appartenance à un même monde. Les clients vont pouvoir acheter ces produits : vous avez de la chance de pouvoir les côtoyer au quotidien.

On ne se comprend que d'égal à égal, faisant partie du même monde

L'entretien de vente qui va commencer vous angoisse-t-il ? Ralentissez le rythme. Respirez profondément. Ne vous précipitez pas pour parler (en général trop vite), car vous révélez ainsi votre trac. Parlez d'une voix soutenue, pas trop fort, ni avec une voix faible qui révèle votre complexe.

Le conseiller donne l'impulsion à l'entretien

Un secret des meilleurs conseillers ? Ils ne pensent pas à la vente ! Mais ils se focalisent plutôt sur cet aimable visiteur, qui vient par curiosité découvrir et vous consacrer de son temps précieux.

Ne cherchez pas non plus à innover pour cette visite : reprenez les entrées en matière qui vous sont familières et qui fonctionnent bien. Vous avez l'impression que vous vous répétez ? Votre client, lui, ne le sait pas. Rappelez-vous aussi qu'il est confortable pour un client de se sentir pris en main par le conseiller. Il vous revient en conséquence de donner l'impulsion à l'entretien. Cette impulsion ne saurait être comprise comme une tentative de domination. Le client ne le supporterait pas.

On n'a jamais une deuxième chance de faire une première bonne impression

Démasquer le client ou la «découverte»

Entre le désir et la peur

Un client navigue entre le désir et la peur. L'élément déclencheur de sa démarche d'achat est le désir. Désir généré par la puissance de la notoriété et du prestige de la marque. La publicité, les manifestations de relations publiques, les articles de presse confortent, et vont jusqu'à exacerber le désir et prédisposent le client à l'achat.

Voici votre client à Paris. Il se rend rue de la Paix ou place Vendôme et entre dans votre boutique. Par curiosité. Pour s'informer. Pense-t-il nécessairement à acheter? Observez-le : il est un peu tendu. Car, à présent, la peur se manifeste : «*Je viens juste pour voir ; je veux bien essayer, mais ça se limite à ça.*» Invité par le conseiller à s'asseoir, confronté aux articles présentés et à leur coût, ce client se demande si un tel achat est bien nécessaire. Et, en même temps — on est dans l'irrationnel —, cette même personne se dit qu'elle va s'offrir *une petite folie*. La peur le tenaille toujours. Et ce, jusqu'à la fin du processus : observez sa fébrilité au moment où il doit prendre sa décision ; il se lève, prend la pièce de joaillerie, va l'examiner à la lumière du jour, revient s'asseoir, se relève de nouveau. Intervient le rôle du conseiller, chargé à la fois de contribuer au désir du client et d'apaiser sa peur.

L'indispensable découverte

Cela peut sembler au premier abord évident : il est nécessaire de connaître le besoin du client, pour pouvoir le satisfaire. En effet, seul votre client sait, consciemment ou inconsciemment, ce qu'il a envie d'entendre au sujet de ce qu'il va acheter. Pourtant, nombreux sont ceux qui ne s'embarrassent pas de la prise en compte de ce que sont et de ce que pensent leurs clients. Ils vont droit au but et cèdent facilement et très vite à la tentation du raccourci, ou encore à celle de l'action.

Seul votre client sait ce qu'il a envie d'entendre au sujet de ce qu'il va acheter

La découverte du client est la clé de voûte de toute vente. Proposer un produit ou répondre à la demande du client (*«Je voudrais voir tel article que j'ai vu en vitrine ou dans le magazine X»*) sans savoir à qui vous avez affaire risque de se conclure par un échec, pour peu qu'à la vue de l'article demandé le client soit déçu, alors que vous aviez en magasin un autre article correspondant parfaitement à ce que recherchait inconsciemment votre visiteur. Encore fallait-il que le client se soit révélé.

Il faut toujours chercher à apprendre du client, même si cela ne semble pas nécessaire et, surtout lorsque cela ne semble pas utile, car l'on considère qu'il s'agit d'une perte de temps. Souvent, le client demande à voir un produit en particulier, avant que vous n'ayez eu le temps de comprendre l'objet de sa recherche. Cette demande ne peut être considérée comme exactement révélatrice de l'attente du client. Elle n'est pour le moment qu'un leurre. Il convient alors de considérer que le produit présenté à la demande du client n'est qu'une hypothèse de travail. Elle ne permet pas d'en déduire que nous entrons dans la connaissance de la demande du client. En revanche, la réaction du client face à l'objet qu'il a sous les yeux va permettre d'aborder la découverte du client. Aussi, dispensez-vous de parler, mais observez les réactions du client, face au produit qu'il aura choisi. En décrivant sa réaction, c'est-à-dire en situant la plus ou moins grande proximité entre le produit présenté et l'objet de sa recherche, vous allez amorcer la description par votre interlocuteur de ce qu'il espère trouver dans votre lieu de vente.

Ce processus de découverte est permanent, comme nous l'avons vu, dès l'accueil, pendant la découverte bien sûr, mais aussi pendant l'argumentation, et ce jusqu'à la fin de la vente. Chaque information pouvant émaner du client est précieuse non seulement pour cette vente, mais aussi pour les prochaines visites.

Pourtant, nombreux sont ceux qui, en croyant être efficaces, se laissent prendre à deux pièges.

— Le piège du raccourci : nous rencontrons de nombreux vendeurs, commençant la découverte, de façon assez directe : « *Y a-t-il un produit que je peux vous présenter ?* » À cela s'ajoute la dangereuse intuition : tel type de client recherche probablement tel type de produit.

— Le piège de l'action : la volonté de vendre pousse souvent le vendeur à agir selon le dispositif rapide suivant ; présenter, convaincre, conclure. Une certaine confiance en soi naturelle incite le vendeur à passer à l'action. De toute façon, pense-t-il, on verra bien.

Que savoir d'un client ?

À la différence de la vente *B to B*, le client du luxe n'a pas nécessairement une problématique ou une motivation conscientisée, pour « se laisser découvrir ». Dans une relation commerciale *B to B*, le client expose volontiers ses soucis, son contexte, ce qu'il recherche. La visite d'un commercial est souvent pour l'acheteur une belle occasion d'évoquer sa quête, de partager ses préoccupations, d'autant plus que parfois, il se sent peu écouté en interne. La volonté de s'épancher aide le vendeur dans sa démarche de découverte. Ici, le client n'a pas de problème à résoudre, mais des envies à satisfaire. Toutefois, l'approche est identique, clé de voûte de notre approche persuasive. L'objectif de la découverte est de se centrer sur le client (son désir véritable) et non sur ses besoins (l'expression de son désir).

■ Découvrir le client plus que le produit

Les motivations du client peuvent être nombreuses, et, en tout cas, le plus souvent, non explicites. La découverte permet d'aller au-delà de la simple présentation d'un produit, et de répondre à des motivations profondes. Et de voir s'ouvrir d'autres opportunités que celles portant sur le produit présenté, celui qui a été demandé dans un premier temps.

Découvrir, c'est s'ouvrir toutes les opportunités liées au client. Il s'agit de découvrir l'autre, le client qu'on a en face de soi. Le conseiller pertinent se demande d'abord « QUI IL EST » avant « QUE VEUT-IL ».

Le plus difficile n'est, en général, pas de faire parler le client de ses attentes. Il s'agit avant tout pour le vendeur de déterminer sa motivation principale.

Le client pourra évoquer son souhait d'une voiture plus grande, plus sûre, plus sécurisée, en remplacement d'un autre véhicule. Ce désir de changement correspond, par exemple, à l'arrivée d'un deuxième enfant, ou encore à une augmentation des revenus du couple, ou aussi au désir de posséder une voiture pouvant contribuer à une meilleure image, de soi, de sa famille, au-delà des éléments de confort ou de sécurité. La motivation serait alors la suivante : *« Nous souhaitons une nouvelle voiture pour célébrer notre réussite. »* Auquel cas, de très nombreux modèles deviennent envisageables, en centrant sur les différences par rapport à la voiture actuelle du client. Voici deux exemples de questions pour détecter cette motivation :

- *« Vous avez probablement commencé à réfléchir... À quels types ou modèles de voitures pensez-vous, dans notre marque ou chez nos concurrents ? »* ;
- *« Par rapport à votre voiture actuelle et pour l'usage que vous en faites, quelles caractéristiques souhaitez-vous conserver ? Qu'aimeriez-vous améliorer ? »*.

Votre travail consiste à l'aider à clarifier son processus d'achat, c'est-à-dire à dégager le client du seul binôme client-produit, pour qu'il se révèle en tant que personne avec sa logique et ses émotions pour le guider vers le meilleur choix pour lui. En pratique, il s'agit de retarder autant que possible le moment où l'on va se focaliser — c'est-à-dire s'enfermer — sur le produit. Trop souvent, le vendeur interpose trop vite le produit entre le client et lui.

■ À la découverte des facteurs clés de la décision

Reprenons l'exemple de l'achat d'une voiture neuve et parcourons les différentes motivations du client.

La marque : découvrir l'intérêt du client pour votre marque

Comment votre client se représente-t-il votre marque ? Est-il déjà un inconditionnel ? Ou vient-il à la découverte ? Que sait-il déjà des avantages que représente votre Maison ? Cette découverte peut se faire au travers de questions ou remarques anodines :

- *« Vous avez déjà une voiture de notre marque et je vous en remercie... »* ;
- *« Merci d'avoir choisi notre marque pour votre prochaine voiture... »*.

Le produit : découvrir la motivation principale, le besoin

Cette motivation principale n'est pas toujours explicitée. Même si, parfois, votre client vous affirme vouloir un type de produit spécifique, efforcez-vous de comprendre le pourquoi. Il faut prendre le temps pour parfaitement cerner la demande du client – cela vous permet de mieux proposer, d'exercer votre rôle de conseiller.

- *« Quelle serait votre voiture idéale ? »* ;
- *« Par rapport à votre voiture actuelle, que souhaitez-vous améliorer ? »* ;
- *« Qu'attendez-vous de cette nouvelle voiture ? »*.

Le lieu : découvrir où et à qui le client pense acheter

On n'achète pas simplement quelque part, on achète aussi à quelqu'un. Il est important de savoir si votre client a déjà en tête un autre concessionnaire ou une autre personne à qui il fait confiance. Cette découverte se fait *via* un détour, pour ne pas éveiller la méfiance : *« Avez-vous déjà essayé cette voiture ? »*

Le prix : découvrir son rapport au prix, son budget

C'est une question délicate. Le client n'a souvent pas une idée précise du budget. L'expérience montre que si c'est le cas, très souvent il l'indique (en prenant soin de le minorer quelque peu).

Le temps : découvrir quand le client pense acheter

Le client a toujours une idée de temps : le fait de commencer à s'y intéresser, de rechercher des informations et de vous rendre visite est déjà un signe fort : *« En raison des possibles changements tarifaires, il est important de savoir quand vous envisagez l'acquisition de cette nouvelle voiture... »*

Le questionnement sous toutes ses formes ou comment découvrir ?

Il s'agit d'abord de créer le cadre de la découverte. Pour découvrir, connaître l'inconnu en face de soi, le vendeur doit, dans un premier temps, établir une ambiance bienveillante, rendant possible l'exposition de soi de la part du client. La bienveillance se traduit par de l'amabilité, de la sincérité, la volonté de faire du bien à l'autre. Les registres verbal comme non verbal s'inscrivent dans l'ouverture : des invitations à parler, à se livrer, à s'exprimer.

Organiser la découverte

Vous devez disposer d'un plan de découverte, selon le type de produit à vendre. Ce plan de découverte permet d'ordonner subtilement votre questionnement. Vous pouvez ainsi, tout en menant votre conversation, glisser quelques questions, conformes à votre plan de découverte.

Exemple d'un plan de découverte
envisageable pour l'achat d'une voiture

1. *Qui : à qui est destinée la voiture ?*
2. *Quelle est la voiture actuelle ? Le véhicule recherché doit-il remplacer la voiture actuelle ? Ou est-ce une voiture additionnelle ?*
3. *Marque – perception de notre marque : quelles sont ses attentes ?*
4. *Attentes au niveau de la nouvelle voiture.*
5. *Quels modèles constituent des choix possibles ?*
6. *Temps – date d'achat : l'intention est-elle claire ?*
7. *Budget : flexibilité ou contraintes définies ?*
8. *Lieu : visite déjà effectuée chez un autre concessionnaire ?*

Chapitre 14

Un grand art, mais difficile : l'écoute

Écouter un client, c'est comprendre son point de vue, l'accepter et intégrer mentalement ce qu'il vous dit. Cela paraît tout simple, mais n'est pas aussi évident qu'il y paraît. L'écoute est vaine si elle ne s'accompagne pas de la *compréhension* (étymologiquement : prendre avec soi) du point de vue de l'autre. Cependant, comprendre l'autre est encore insuffisant. Vous pouvez le comprendre et rester sur votre quant-à-soi. Il faut aller plus loin. Il s'agit d'*accepter* et d'*intégrer* ce que dit et pense l'autre.

En d'autres termes, il faut *modifier* votre propre schéma de pensée, ce qui demande une grande souplesse d'esprit, ainsi qu'une grande disponibilité. Cela nécessite que vous vous débarrassiez des idées toutes faites pour leur substituer l'information fournie par votre interlocuteur. Et d'y conformer vos décisions et votre action.

La difficulté de l'écoute tient à cette espèce de blocage mental qui ne se prête pas, filtre ou déforme l'admission d'un autre point de vue avec toutes les conséquences qui en résultent : propos inadaptés, proposition décalée par rapport à l'attente du client, argumentation impersonnelle, etc.

Nous vous le disons sans détours : la mauvaise écoute provient en général d'un déni plus ou moins réel du client. Focalisé surtout sur sa volonté de vendre – intention somme toute honorable et compréhensible –, le conseiller oublie que pour vendre, il faut d'abord un client qui finit toujours par acheter ce qu'il veut.

Comment améliorer son écoute

Un certain nombre de moyens de communication sont à votre disposition pour organiser et stimuler la prise de parole de l'autre, et alimenter votre écoute ; vous connaissez sans aucun doute déjà les notions de questions ouvertes ou fermées et de la reformulation.

- Questions ouvertes : les réponses sont multiples, variées.
- Questions fermées : les réponses ont un choix limité.
- Questions de reformulation : les réponses confirment ou apportent des précisions supplémentaires.

Toutefois, ce sont moins les techniques qui importent, que votre *attitude* pour favoriser la communication. Or, votre attitude est inconsciemment, et parfois aussi consciemment, ressentie par celui (ou celle) auquel vous vous adressez.

■ Le comportement d'enquêteur

Concrètement, cette attitude d'ouverture se traduit par le *comportement d'enquêteur*, c'est-à-dire par une manière de faire où l'on ne se met pas en avant, mais, au contraire, où l'on s'efface pour laisser son visiteur se révéler sans contraintes.

■ L'intérêt sincère pour l'autre

Les indices de comportements significatifs de cette attitude sont nombreux : quand vous vous intéressez à quelqu'un, votre regard est mobilisé par votre interlocuteur, votre attention est soutenue. Mais, comme votre vis-à-vis ne mérite pas forcément cet intérêt, il va falloir vous mobiliser, vous forcer, et ce pendant toute la durée de l'entretien, même si celui-ci dure plusieurs dizaines de minutes.

■ L'empathie

L'intérêt porté à l'interlocuteur sera élevé à un degré supérieur si l'on adopte l'attitude que l'on nomme *empathie*. L'empathie est la faculté – qui s'acquiert – de s'identifier à quelqu'un, de ressentir ce qu'il ressent, de percevoir ses idées et ses attitudes en se plaçant de son point de vue, en somme d'assimiler son cadre de référence.

Cette attitude d'empathie implique que vous soyez réceptif non seulement aux paroles, comme dans les attitudes précédentes, mais aussi à toute la personnalité de votre interlocuteur.

■ L'écoute active

Qu'entend-on par *écoute active* ? Il s'agit de l'amalgame d'un ensemble de dispositions pratiques destinées à obtenir une meilleure collecte d'informations au cours de votre conversation.

Pour découvrir la situation (idées et psychologie) d'un interlocuteur, on ne le laissera pas s'engager dans une conversation à bâtons rompus, mais on le guidera en fonction d'un plan d'investigation auquel on aura réfléchi au préalable.

Même si, au début de l'entretien, vous adoptez la tactique d'un certain effacement, quitte à vous manifester plus activement après avoir recueilli les informations que vous attendiez de votre interlocuteur, vous restez un auditeur actif tout au long de l'échange.

L'écoute active se traduit aussi, en pratique, par :

- un regard attentif, observant les expressions de celui qui s'exprime ;
- des approbations, des réserves, des commentaires, qui sont autant de signes de la vitalité de l'échange et de l'intérêt porté aux propos de l'interlocuteur.

Tout ceci demande une forte mobilisation de l'attention. Écouter intensément quelqu'un n'a rien d'une sinécure, si l'on veut capter, pour les exploiter ensuite, la multiplicité des informations — verbales et non verbales — émises par votre client.

Restez à l'écoute, même si vous pensez avoir tout compris. Écouter un interlocuteur demande une grande mobilisation de votre attention. Et, nous l'avons souligné, cette attention soutenue est fatigante. Mais c'est une irremplaçable source d'information.

Faites préciser et vérifiez votre compréhension. Celui qui vous parle n'est pas toujours précis. Reprenez ses propos pour vérifier que vous avez bien compris ce qu'il voulait dire. Vous n'avez jamais intérêt à laisser un aspect dans l'ombre, même si vous croyez qu'il s'agit d'une réserve ou d'une objection.

Quand vous faites parler, imposez-vous de rester silencieux. Ne parlez surtout pas à la place de votre interlocuteur. Laissez-le s'exprimer. S'il est lent, ne précipitez pas son rythme. C'est à vous de vous adapter.

Et si l'écoute était aussi un service ?

De nombreux conseillers excellent dans leur rôle de présentation, avec beaucoup de bonne volonté d'aider leur client. Prenez le temps d'écouter vos clients : vous serez surpris par leur disposition à vous parler, même parfois à se confier à vous. Car parler constitue aussi un plaisir et votre disponibilité et votre écoute, elles, s'apparentent à un vrai service.

Chapitre 15

La proposition

Ce que nous appelons «conversation de vente» entre le conseiller et son ou ses clients, même si elle prend l'apparence d'un échange amical et détendu, est en réalité tendue vers un objectif qui est celui de comprendre aussi intimement que possible ce que recherche l'acheteur. La collecte d'informations qu'elle permet est-elle pertinente? En sait-il suffisamment sur ce que recherche son client pour pouvoir prédire à coup sûr quel produit ou article il doit à présent présenter? Cette question, le conseiller se la pose. Dans l'incertitude, il pourrait être tenté de prolonger l'entretien à l'infini, ce qui, on le conçoit, serait peu productif.

Observons cependant ce qui se passe dans l'esprit du conseiller. Au fur et à mesure de l'avancement de la conversation, il établit une correspondance entre ce qu'il connaît de la gamme (parfois assez vaste) des produits ou articles qu'il peut présenter à son client et les informations fournies par ce client au cours de la conversation de vente. Il procède par approches successives pour sélectionner les produits qu'il va présenter. Cette sélection correspond-elle à ce qu'envisage son client?

Le conseiller dispose de deux voies pour vérifier qu'il cerne correctement ce qu'attend son client : il peut résumer verbalement ce qu'il a compris de la recherche du client, qui va pouvoir confirmer, infirmer, ou encore compléter cette reformulation ; puis il procède à la présentation d'un ou de plusieurs articles censés correspondre à l'accord sur la reformulation.

À l'occasion de ce résumé, le conseiller a en tête le ou les articles qui pourraient correspondre à ce que le client a sans doute dans l'esprit. Et, par itération, il cristallise, c'est-à-dire rassemble les informations éparses en un tout cohérent, stable et synthétique. On le conçoit, cet exercice est difficile, d'autant plus que les facteurs irrationnels sont multiples.

Dans un processus de négociation *B to B*, il est nécessaire de formuler cette synthèse, qui ne manque pas, en général, d'impressionner le client, pour obtenir une confirmation, avant de poursuivre par la description de l'offre.

Ici, et c'est la seconde voie, le conseiller expert préférera garder pour lui le résultat de cette cristallisation, qui doit logiquement aboutir à une proposition de produits. Le conseiller va alors présenter directement une sélection d'articles — sélection qui peut se limiter à un seul produit — pour observer la réaction du client, et en fonction de celle-ci, modifier ou recentrer l'éventail des articles présentés.

Si le produit proposé correspond exactement au souhait du client, ce dernier ne manquera pas de le remarquer, et sera favorablement impressionné par la capacité de discernement du conseiller. Dans le cas contraire, il dira aussi pourquoi le produit proposé ne correspond pas et il fera remarquer ce qu'il n'y trouve pas ou ce qui ne convient pas. Ne pas forcer le client à valider sa cristallisation, c'est se garder la possibilité de se tromper (proposer un autre produit) ou de le confirmer.

Nous observons que cette seconde voie est la plus communément empruntée. Voici quelques exemples pour illustrer les trois différentes stratégies de proposition :

— La proposition probable, ou ce que le conseiller a le plus de chance de vendre en tenant compte du client : *« Ce modèle correspond à ce que vous m'aviez décrit ; examinons cela de plus près. »*
— La proposition possible, ou ce que le conseiller souhaite vendre : *« Permettez-moi de vous présenter également ce modèle. Dites-moi ce que vous en pensez. »*
— La proposition tactique, ou ce que le conseiller utilise pour découvrir : *« Voici ma première proposition : dites-moi ce qui vous plaît et ce qui vous convient moins... »*

La phase de la proposition, dans le déroulement de la vente, est située après la découverte dont elle utilise les données. On remarquera qu'à ce moment-là, le conseiller n'est pas encore certain que le produit présenté, ou l'un des articles de l'assortiment sélectionné, soit celui qui sera accepté. En quelque sorte, le conseiller teste une hypothèse. Celle-ci va-t-elle confirmer ce qu'il pense avoir compris au cours de la découverte ? Il n'en est pas absolument assuré. Cependant, cette proposition est chargée de valider ce qu'il a compris de son client, et si la validation n'est pas obtenue, la proposition, dans son état premier, va permettre de compléter la découverte. On peut considérer que la proposition est une sorte de brouillon de l'accord final, brouillon qui sera peut-être mis à la corbeille pour être remplacé par un autre, que l'on espère alors mieux ajusté aux attentes du client.

Témoignage

Un conseiller de vente très expérimenté nous a confié une technique de proposition : « Après l'écoute et la compréhension de la recherche du client, je procède toujours par trois offres successives : la possibilité, la proposition, et enfin la dernière chance. La première présentation me permet de mieux cerner mon client, pour arriver à une véritable proposition. Et, si nécessaire, je dois envisager une troisième offre, celle de la dernière chance. »

Chapitre 16

Cérémonial de la présentation de l'objet

Qu'un visiteur ait demandé, d'entrée de jeu, à voir un article ou que la présentation de l'article de luxe intervienne au cours de la conversation de vente lorsque vous commencez à cerner ce que recherche votre client, cette présentation doit respecter une certaine mise en scène.

Ce que vous proposez à votre clientèle est un objet précieux, au sens étymologique du terme, c'est-à-dire de grand prix. La présentation de l'article, de l'objet ou du bien requiert une mise en scène soignée qui a pour fonction de mettre l'objet en valeur. Par exemple, dans une parfumerie où l'on trouve les plus belles fragrances, les parfums les plus rares, il est presque choquant que la vendeuse sorte l'article demandé du tiroir où il est rangé et se contente de le poser sur le comptoir, alors que l'on s'attend à ce que le flacon soit présenté sur le plat de la main, gantée de préférence, comme sur un coussin, ou sur un petit plateau, un peu comme le sommelier présente un grand cru à la table des convives.

Mettez en scène l'article que vous vendez

En plus, et avant ce que vous allez pouvoir en dire, votre respect du produit en dit long sur sa qualité et sa valeur. Ainsi, on mettra nécessairement des gants lorsqu'il s'agit d'un bijou. De façon générale, il convient toujours de présenter un produit sur un plateau. Cela implique de préparer le produit, de le disposer pour qu'il apparaisse sous le meilleur angle, en quelque sorte, le théâtraliser. Avant de présenter un sac de valeur, on enfilera également des gants et on le posera sur un plateau de présentation, en prenant soin au préalable d'enlever le papier placé à l'intérieur. S'agissant d'une voiture de luxe, avant d'inviter le client à s'asseoir, il faudra d'abord vérifier si tout est en ordre et, avec un chiffon doux, essuyer le tableau de bord pour enlever toutes les traces de doigt et de poussière. Ce sont ces petites mises en scène qui donnent toute la beauté à vos produits.

La gestuelle doit se faire précise, solennelle, sans toutefois être précieuse ni encore moins maniérée. Il y a une proportionnalité, entre la valeur du produit et votre respect de ce dernier.

Devenez un conteur expert

Une belle création de luxe se raconte, mais pas n'importe comment. Derrière un vendeur conteur se cache toujours un expert du produit. Les plus grands pédagogues sont souvent de grands experts : ils savent rendre faciles et accessibles leurs domaines, pourtant souvent complexes. Le conseiller de vente se doit d'être un spécialiste pédagogue, un facilitateur. Cette maîtrise de son métier se conjugue à une capacité à raconter toutes les créations, en toute simplicité.

Séparez l'image et la parole

Il existe une concurrence entre la vision et l'écoute, et il convient de les dissocier : observez à cet égard comment un bon réalisateur de film documentaire procède quand il présente au spectateur, par exemple, un reportage sur une île paradisiaque aux plages magnifiques. Soit il dirige sa caméra vers un ciel uniformément bleu, et sur ce fond d'écran uni il décrit ce que le spectateur va voir un bref instant plus tard : *« Vous allez voir ce bord de mer et ses larges plages de sable blanc, si fin, étendues à l'infini avec ces palmiers qui ponctuent par endroits cet espace enchanteur en inclinant gracieusement leurs palmes jusqu'à l'eau. »* Alors la caméra descend en un lent travelling vertical pour montrer l'image, tandis qu'une musique douce prend le relais du commentateur, laissant le spectateur tout à la vision de ce beau paysage. Soit le réalisateur commence par filmer l'image et la présente à l'écran sur fond musical neutre, puis, quand l'œil du spectateur a pris pleine connaissance de ce qu'il voit sur l'écran, il commente, comme ci-dessus : *« Vous voyez ce bord de mer et ses larges plages, etc. »*

Quand vous présentez un objet nécessairement précieux, quelle que soit sa taille, nous vous conseillons d'adopter le principe suivant : dissociez votre commentaire de la présentation visuelle de ce que vous proposez. Si vous nous permettez un point de vue personnel, nous préférons le processus qui consiste à décrire d'abord ce que vous allez présenter, **sans le montrer immédiatement,** ceci pour exciter la curiosité de votre client ou cliente ; puis vous découvrez l'objet en silence et laissez votre client en prendre connaissance visuellement, sans le presser, en respectant le temps nécessaire à l'examen visuel et en regardant attentivement ce que votre visiteur examine ; enfin, soit vous répondez à ses questions ou ses remarques, soit vous reprenez la description détaillée des caractéristiques et des qualités de l'article ou du bien que vous vendez. Ce silence est d'autant plus intéressant qu'il amène souvent le client à exprimer son appréciation du produit : il vous restera à rebondir sur les observations du client.

Conseils pour la démonstration

Selon une étude conduite par le Centre des techniques nouvelles, les êtres humains ne retiennent que 16 % de ce qu'ils lisent, 20 % de ce qu'ils entendent, 30 % de ce qu'ils voient, 58 % de ce qu'on leur dit et montre, et 90 % de ce qu'on leur a demandé de mettre aussi en pratique. La démonstration favorise la mémorisation.

Démontrer consiste à expliquer le fonctionnement d'un appareil, les différentes particularités d'un produit, en enchaînant logiquement la succession des moments de l'opération.

Quand il s'agit de produits alimentaires, on parle plutôt de *dégustation*. Il suffit d'entendre les grands chefs cuisiniers pour comprendre la magie du luxe : avant de goûter, le grand chef vous invite déjà à l'imaginaire avec un nom qui vous fait sourire, une description de la composition à la fois incitative et nécessairement insuffisante... Notre imaginaire peut rendre notre vie plus belle : au conseiller de créer cette indispensable magie.

Une démonstration est un processus rigoureux qui exclut toute improvisation. Attention ! Le « détail » oublié se venge toujours ; parce que nous n'aurons pas systématiquement vérifié tous les points du fonctionnement, nous risquons de nous ridiculiser au moment de la démonstration de vente, si le matériel présenté ne démarre pas ou tombe en panne.

Toute démonstration sera organisée en autant de *phases* que nécessaire pour être bien comprises par les personnes auxquelles nous nous adressons. Ainsi, les phases de présentation d'un appareil (nous pensons, par exemple à un voilier ou une voiture luxueuse) seront :

- la description de l'appareil ;
- la préparation à l'emploi ;
- la mise en marche ;
- le mode d'emploi ;
- la mise hors service ;
- le traitement des incidents éventuels.

Pour que chaque phase puisse être exploitée sous la forme d'arguments, les détails remarquables seront signalés à l'attention des interlocuteurs. On appelle ces détails des *points clés*. Ainsi, quand nous préparons une démonstration, nous établissons un tableau en trois colonnes consacrées aux phases, aux points clés et aux arguments qui en découlent. En effet, toute démonstration participe à l'argumentation, car, sinon, on pourrait s'interroger sur son utilité.

Phase	Points clés	Avantages exprimés
Mise en route	Appuyer sur le bouton d'allumage en façade de l'appareil Attendre quatre secondes	« La mise en route est simple… et rapide »

Au moment où nous effectuons la démonstration, chaque phase est annoncée (même si cette façon de faire paraît un peu scolaire, elle est un élément de clarification incomparable). Chaque point clé est décrit et montré. L'avantage qui en résulte est énoncé. Chaque fois que possible, vous personnaliserez l'argument. Quand vous vendez un matériel technique, par exemple une belle voiture ou un hors-bord, nous vous recommandons de définir avec votre ou vos interlocuteurs, préalablement à la démonstration, les critères de validation de la démonstration pour lui donner une plus grande force probante.

La fonctionnalité n'est évidemment pas au centre de l'intérêt du produit de luxe, de façon générale. Dans le cas d'une démonstration, on cherchera simplement à montrer la facilité et la qualité techniques, sans s'appesantir.

Le client du luxe ne se focalise, en général, pas sur la technique, suppose sa présence, mais achète avant tout un produit qui fait plaisir.

Dans le cas des voitures de course, la performance extrême n'est probablement pas la raison d'achat, mais le plaisir de posséder une voiture qui en est dotée.

Le client cherche également un beau produit, parfaitement réalisé. Au cours de la présentation, le conseiller montre les finitions, explique le travail réalisé afin de faire comprendre sa supériorité.

Une règle immuable : plus un produit est compris, plus il sera aimé. Comme ce qui suit l'indique, la notion de compréhension a un champ particulièrement large.

Romancer un produit, ou l'art et la manière de donner du sens

Avez-vous déjà visité un château viticole dans le Bordelais ? Le maître des chais ou l'œnologue commence par vous faire visiter les vignes, et vous parle de son terroir, remontant dans le temps les différentes couches de roches et sédiments. Vous comprenez ainsi les particularités de son sol et êtes admiratif de l'ordre impeccable des vignes, signe d'un travail soigné, où rien n'est laissé au hasard. Il vous invite ensuite à suivre un parcours pédagogique : comment le raisin devient vin, à travers une suite de manipulations savantes, nécessitant de nombreux savoir-faire. Enfin, vous terminez la visite dans les chais, par une dégustation. Vous êtes invité à scruter la couleur de la robe, humer son parfum, goûter, tenter de trouver toutes les nuances possibles. Et votre hôte vous incite à partager votre appréciation et à en parler librement. Effectivement, ce vin, vous ne le boirez plus jamais de la même manière : vous l'aimez, vous vous l'appropriez.

Prenons un autre exemple : vous avez rendez-vous dans une galerie d'art. Parmi les œuvres exposées, un tableau attire particulièrement votre attention. Le galeriste vient vers vous et évoque l'artiste : sa vie, ses œuvres, ses partis pris, ses obsessions, son imaginaire. Il tente également de comprendre avec vous ce qui vous attire dans le tableau et vous apporte les explications sur la construction, les couleurs et les particularités que vous aimez. Vous entrez dans le monde de l'artiste, littéralement dans le tableau, et éprouvez une immense joie. Et peut-être avez-vous envie d'acheter ce tableau, pour continuer cette appréciation et la partager avec vos proches ?

Pour vous, visiteur, ces expériences ont été particulièrement agréables ! Elles vous ont procuré d'abord une satisfaction intellectuelle : vous avez appris et vous comprenez. Vous avez aussi éprouvé beaucoup de plaisir à faire appel à vos sens : voir, écouter, humer, goûter, toucher... Vous appréciez ces instants d'enrichissement personnel et d'épanouissement des sens.

Non pas un produit,
mais une œuvre

Pour bien parler d'un produit de luxe, nous vous invitons d'abord à considérer votre produit comme une œuvre, afin de vous éloigner le plus possible d'un produit industriel, standard, simplement fonctionnel.

Commencez par nommer différemment votre produit de luxe. Pour parler d'une montre, préférez «création horlogère». De même, parlez de «pièce joaillière» pour désigner un bijou fait de matières précieuses. Vous pouvez également être précis dans la désignation de vos produits. Pour une paire de chaussures masculines, précisez : une paire de richelieu, mocassins, bottes, derby, etc.

Il s'agit ensuite de parler de votre produit. Si on en revient à notre maître des chais, on remarquera qu'il ne se limite pas à la seule description du produit (ce qu'est le produit), mais il explique les caractéristiques explicatives qui précèdent et accompagnent l'élaboration de son vin — et ce avant de proposer de le déguster. Quant à notre galeriste, il s'évertue à vous faire comprendre le pourquoi de la création, notamment autour de l'artiste.

Romancer un produit, c'est non seulement savoir présenter ce dernier (ses caractéristiques), mais, et surtout, ce qui gravite autour (le pourquoi et le comment). Vous pouvez ainsi rendre votre présentation intéressante, voire captivante. N'hésitez pas à faire appel à l'intelligence et à la sensibilité de votre client : vous en serez récompensé par une forte attirance pour votre produit.

Quelques conseils pour «pratiquer» la romance

Pensez à l'histoire de votre marque : elle la rend unique, plus proche et permet au client de mieux la comprendre. Votre produit apparaît ainsi comme l'héritage d'une longue tradition. Parlez de son créateur : il s'agit souvent d'un personnage étonnant.

Si vous connaissez de petites anecdotes concernant le produit, n'hésitez pas à les raconter : on aime tous les petites histoires vraies. Elles crédibilisent votre produit, le rendent plus sympathique aux yeux du client.

Le design d'un produit de luxe est toujours le fruit d'une grande recherche esthétique, avec très souvent une grande originalité propre à votre marque. Le client ne le voit pas, même s'il sait apprécier le résultat final. Parlez-en avec gourmandise, et en toute simplicité, afin de faire comprendre au client ce qu'il voit et apprécie.

Un produit de luxe utilise nécessairement les matières les plus nobles à son élaboration. Devenez expert du cuir si vous vendez des chaussures, afin de pouvoir, si nécessaire, apporter votre connaissance au client : pourquoi ne pas évoquer l'origine des peaux, l'élevage dont elles sont issues, le terroir, la tannerie et les tanins et les colorants naturels qu'elle emploie exclusivement, ainsi que leurs effets sur le cuir de la chaussure, le travail du bottier et son long apprentissage, etc.

Montrez tous les détails afin de laisser le client apprécier le grand travail et la recherche de perfection nécessaires à l'élaboration du produit. Peut-être s'agit-il du nombre d'heures, voire d'opérations nécessaires ? Ou encore les rares expertises techniques dont votre marque est encore dépositaire ?

Expliquez les avantages techniques du produit, car le client achète un produit de luxe non pour le contempler, mais pour l'utiliser. Votre client entre ainsi progressivement dans un processus d'acquisition du produit mêlant subtilement les avantages pratiques (les fonctionnalités) aux avantages psychologiques liés à la possession du produit.

Chapitre 17

L'argumentation

« On peut convaincre les autres par ses propres raisons, mais on ne les persuade que par les leurs » Joseph Joubert, *Pensées.*

L'argumentation accompagne naturellement la proposition et la présentation du produit. Se pose alors la question de l'efficacité de l'argumentation. Existe-t-il des arguments d'une force telle qu'aucun client ne puisse véritablement y résister ? Bien entendu, non. Et pourtant, l'argumentation efficace existe, mais elle exige que le vendeur oublie son point de vue, oublie ce qu'il sait de l'article ou du produit qu'il est chargé de vendre. En effet, l'argumentation ne prend toute sa force que si l'on s'appuie sur le point de vue du client, sur ses sentiments, sur sa psychologie, sur ses raisonnements.

Persuader plutôt que convaincre

Ici, nous sommes en présence de l'alternative suivante : que vaut-il mieux, *convaincre* ou *persuader* ? La signification de ces deux verbes n'est pas, comme on le croit souvent, identique.

Convaincre consiste à faire reconnaître par une autre personne le bien-fondé d'une idée, d'un raisonnement, d'une décision à prendre, présentée *du point de vue* de celui qui argumente, en déployant des talents dialectiques renforcés par sa détermination propre. Il y a dans la recherche de la conviction une force que l'on impose[1] − ou tente d'imposer − à l'interlocuteur.

Persuader est une démarche tout autre qui se fonde sur les sentiments et les raisonnements propres à l'interlocuteur (ses motivations d'achat) pour lui faire découvrir que les arguments présentés correspondent étroitement

___
1. *« Dans convaincre, il y a vaincre »*, Emmanuel Lévinas, philosophe.

à sa pensée et à sa sensibilité. La persuasion respecte scrupuleusement le quant-à-soi de l'interlocuteur. On comprend que le procédé de la persuasion est plus doux – nous irons jusqu'à écrire plus délicat – envers la personne du client. Pour persuader, il faut avoir une bonne connaissance de l'autre. Ceci explique pourquoi nous avons insisté dans les chapitres précédents sur la découverte et l'écoute du client.

Si vous vous interrogez sur l'efficacité comparée de la conviction et de la persuasion, remarquez qu'en procédant par la persuasion, le client se vend en quelque sorte à lui-même ce que vous lui proposez, puisque vous lui servez ses propres arguments. Il n'a pas l'impression, comme avec la conviction, qu'on tente de lui faire accepter des arguments qui lui sont extérieurs. En quelque sorte, par le procédé de la persuasion, le client s'«achète lui-même». Ainsi, quand le conseiller dit à un interlocuteur dont il a bien saisi l'état d'esprit « *C'est tout à fait vous* », il invite le client à se persuader par lui-même du bien-fondé de son choix.

Dès lors, vous comprenez qu'il est illusoire de croire qu'il existe des argumentaires standard que l'on pourrait servir uniformément et indistinctement à tous les clients. Dans ce cas, la publicité se substituerait au vendeur.

L'argumentation ne prend toute sa force que si l'on s'appuie sur le point de vue du client, sur ses sentiments, sur sa psychologie, sur ses raisonnements

Votre rôle est donc bien de personnaliser l'argumentation. En d'autres termes, après la découverte pendant laquelle vous avez tenté de cerner sa personne, vous allez composer *spécialement pour ce client, lui seul et pas un autre*, l'argumentation nourrie par ce que vous avez compris de ses motivations, de ce qu'il est, de ce dont il rêve, de ce qu'il attend. Dans le même esprit, si un article ne plaît pas à votre client, insister en argumentant s'avère contre-productif.

Vendre consiste à mettre en correspondance ce que vous proposez avec les raisonnements et la psychologie du client. La persuasion permet d'avoir une conversation de salon, et ne se mue pas, pour caricaturer, en harangue de marché.

Persuader à travers les motivations du client

Nous exposerons plus loin dans ce chapitre les cinq types de motivation, que l'on pourrait décrire comme universels, qui président à l'achat de tout produit de luxe. En se concentrant sur ces cinq types de motivation, on adopte une approche globale persuasive : le client est persuadé d'avoir trouvé le bon produit, ignorant même que ses motivations ont porté sur la marque, le produit, le prix, le lieu et le temps... Il a l'impression que le vendeur a bien présenté le produit. En fait, le vendeur a apporté toutes les réponses à ses motivations, qui ne portent pas sur le seul produit. C'est évidemment plus efficace, d'autant que le temps disponible pour vendre est court et qu'une seconde chance ne se représente pas, en général. C'est aussi une approche plus courtoise, conforme à notre attention à un certain style de vente.

Un entretien de vente composé en fonction du client vous demande plus d'égards envers votre ou vos interlocuteurs, un peu plus d'agilité intellectuelle (la passerelle entre l'assortiment des articles et ce que vous comprenez du client pour sélectionner mentalement le ou les articles que vous allez lui présenter), mais vous apprécierez rapidement à quel point cette façon de vendre est plaisante autant pour le client que pour vous. Désormais, chaque vente est un événement unique, car chaque client est unique et s'attend à être traité comme tel.

Chaque client est unique et s'attend à être traité comme tel

Comment argumenter ?

C'est le vendeur qui décide de passer à la phase de l'argumentation, lorsqu'il connaît la ou les motivations principales et nourrit un objectif précis de produit à présenter et à argumenter. Il parvient donc à une proposition de produit, avec des idées sur les motivations du client.

Toutefois, il faut se montrer prudent au sujet de ce que l'on croit avoir compris du client ; on ne s'enfermera pas dans une proposition restreinte (à un seul produit par exemple), mais on n'ira pas non plus jusqu'au « déballage » de tous les articles possibles de l'assortiment. On se garde la possibilité de présenter d'autres produits si le premier proposé ne plaît pas.

L'argumentation accompagne la proposition d'article ou de produit. Cependant, si la présentation est neutre, factuelle, aussi exacte que possible, une argumentation est nécessairement orientée et centrée sur les motivations du client. Pour présenter, vous utilisez les caractéristiques. Pour argumenter, votre langage sera plus qualitatif. Vous allez parler des avantages, des bénéfices, des supériorités du produit pour le client. On n'oubliera pas, à cet égard, que la supériorité objective d'un produit peut ne pas intéresser un client.

> *Seul votre client sait ce qu'il a envie d'entendre au sujet de ce que vous lui vendez*

Argumenter, c'est fournir à votre client des raisons d'acheter votre produit, et non une meilleure compréhension de ce que vous cherchez à lui vendre. Les raisons d'acheter, votre client les connaît mieux que vous. Il est le mieux placé pour les exprimer.

La présentation d'un produit est nécessairement stratégique : savoir quoi dire, dans quel ordre et comment, pour atteindre le maximum d'efficacité. Il arrive souvent que le vendeur «déballe» tout. Les meilleurs arguments se noient alors dans les moins bons et les peu pertinents : comme ils ne répondent pas aux attentes du client, ils donnent à celui-ci l'impression qu'on ne s'adresse pas à lui.

En matière d'argumentation, on connaît la distinction classique entre les éléments objectifs (les faits) et les éléments subjectifs (les avantages ou les bénéfices). Dans la vente des produits de luxe, l'objectif étant de faire aimer l'article, on ne sépare pas les aspects factuels et les arguments ; ils sont exposés ensemble, dans un mouvement continu. Par exemple : « *Vous faites un très bon choix Madame. C'est une très belle création horlogère en or gris dix-huit carats, toute sertie de diamants, iconique de notre collection Harmonie. Permettez-moi de vous donner les clés de son inspiration.* »

Les éléments factuels gagnent à être mêlés à l'argumentation. En général, pour répondre aux questions du client, on commence par des éléments factuels, précis, qui rassurent, avant de poursuivre avec l'argumentation. Par exemple :

– *Quel est le mouvement à l'intérieur ?*
– *Ce véritable bijou est équipé d'un calibre manufacturé Maison, automatique, qui vous donnera **toute la garantie technique nécessaire***

et satisfaction dans le temps! Je peux, bien entendu, entrer dans le détail si vous le désirez... Je vous propose de la réessayer!

Décrire un objet le rend banal... Présenter un produit toujours avec ses meilleurs arguments, qui dépassent la réalité de ce qu'il est objectivement, permet de créer l'envie. On n'a pas besoin d'un sac à main en cuir de plus, mais d'un Kelly de chez Hermès.

Chaque client a des motivations différentes, dont les principales ont été découvertes précédemment. Le client ne vient pas chercher une voiture quelconque. Sa motivation pourrait être une montée en gamme par rapport à l'ancien modèle, en donnant priorité au confort familial, à l'image de réussite ou de sécurité dans le cas de la naissance d'un premier enfant. La découverte des motivations du client vous permet d'axer votre argumentation sur ces détails-là, et parfois seulement sur ce qui lui importe. En agissant ainsi, vous évitez le travers fréquent des nouveaux conseillers qui pensent augmenter l'efficacité de leur argumentation en arrosant leur client d'une multitude d'arguments dont la plupart n'intéressent pas leur interlocuteur.

Dans le chapitre portant sur la phase de découverte, nous avons abordé l'importance des cinq facteurs de décision dans le domaine du luxe. Quels sont les facteurs les plus importants?

S'appuyer sur les cinq facteurs qui conduisent à la décision

Le client étant au centre de notre approche persuasive, votre focalisation gagne à porter sur ses cinq motivations ou, si l'on préfère, les raisons pour lesquelles il achète. Nous vous les présentons dans leur ordre d'importance.

■ La marque : l'aspiration

Chaque marque est unique, répond à une aspiration, présente un très fort pouvoir d'attraction. Très souvent, le client a déjà une marque en tête : il vient acheter un article de votre marque. Si le client est déjà loyal, félicitez-le. S'il ne connaît pas ou peu votre marque, prenez le temps de lui en faire part – le plus tôt possible. Il ne choisira pas le produit sans être convaincu par votre marque, n'en doutez pas. Parlez de votre marque, avec votre cœur. Votre passion pour votre marque doit «transpirer» afin d'inspirer.

■ Le produit : le besoin

Plus ou moins explicite, le besoin est révélé par une demande pour un produit. C'est souvent le seul facteur considéré par de nombreux conseillers ; cependant, nous insistons, il n'est qu'un des éléments de la décision. Nous l'avons vu dans les chapitres précédents — parlez de votre produit également avec passion. Ce sont des produits que vous auriez aimé avoir. Vous les aimez et vous les faites aimer.

■ Le prix : le budget

Le budget est le montant que le client est prêt à dépenser. Partez toujours du principe que votre client a les moyens de ses intérêts ; son temps est trop précieux pour le perdre en visites vaines. Enfin, son intérêt porté à votre marque de luxe est déjà un signe de ses possibilités. L'argent n'est donc jamais un problème ; il est essentiel pour lui de comprendre la valeur du produit. Si le produit le vaut bien, l'achat sera un plaisir. Si le produit a une valeur exceptionnelle, l'achat sera même vécu comme une excellente affaire.

■ Le lieu : le service

Le lieu d'achat représente une qualité de service, et pour les boutiques de luxe un signe indéniable d'appartenance (par exemple, Place Vendôme). Jean-Noël Kapferer, spécialiste de l'étude des marques dit, à propos de ces marques d'exception, qu'elles *« parlent d'elles-mêmes comme d'une religion ; elles transforment leurs boutiques en cathédrales et surenchérissent en signes de pouvoir symboliques »*. Pour une boutique de luxe, tout doit donc être irréprochable. Pour une boutique de prestige, la moindre poussière dans les vitrines est une faute, vite repérée par les clients. Une ambiance se dégage souvent dès l'entrée de la boutique. Tout au long de la conversation, inspirer confiance, démontrer toute l'excellence de la qualité de votre service participe à la persuasion du client d'avoir choisi le bon lieu d'achat et la chance d'avoir rencontré le bon conseiller. Pour cela, soyez exceptionnel ; votre client doit s'étonner de vous faire déjà confiance, dès la première visite, ou de la joie qu'il éprouve à vous revoir.

■ Le temps : l'opportunité

Le client peut, dans la plupart des cas, se décider, s'il est persuadé qu'il s'agit de la bonne opportunité. Mais il peut aussi nécessiter plus de temps pour réfléchir : il n'est pas encore persuadé qu'il s'agit de la bonne opportunité et la prudence l'invite à reporter sa décision à plus tard. Votre produit sera donc présenté comme une rareté, une exclusivité. Sans aller jusqu'à ressentir l'urgence, votre client est persuadé de devoir prendre la décision aujourd'hui. Si tout est parfait, pourquoi ne pas se décider immédiatement ?

Aux sources de l'argumentation

Dans le domaine du luxe, on peut considérer chaque produit comme une œuvre d'art. Et, vous le savez, certaines des pièces que vous vendez sont uniques et réalisées par des artisans d'art. On peut comprendre que le vendeur aime les articles dont il parle et les présente comme des produits d'exception. Cela nécessite qu'il connaisse ses produits, qu'il sache en parler en termes choisis, «romancer» le produit et organiser son argumentaire.

■ Connaître ses produits

Pour pouvoir présenter son produit, il faut évidemment d'abord le connaître parfaitement : c'est une nécessité absolue, même si elle ne suffit pas. Deux types de connaissances seront nécessaires :

- Les caractéristiques du produit : le vendeur doit être capable de bien expliquer, d'aider le client à bien comprendre le type de produit qu'il va acheter (exemple : une montre chronographe).
- Un modèle de votre marque : le vendeur doit être capable de décrire les avantages pour amener le client à choisir un modèle plutôt qu'un autre.

De plus, les connaissances doivent être parfaitement intégrées, structurées. Ce qui est clair pour le vendeur s'énoncera parfaitement et n'en sera que plus limpide pour son client. Il est important de bien structurer ses connaissances. On s'étonne de la capacité des hommes politiques à parler très clairement. Ne nous méprenons pas : ils effectuent en coulisses un travail considérable de «prise» d'idées, de pratique, à travers des milliers d'heures de discours.

■ Structurer ses arguments

De nombreux vendeurs improvisent, mais les vendeurs argumentent toujours suivant un schéma défini, un savoir-faire fondé sur l'expérience. Plus qu'une question de connaissance des produits, ce sont les techniques qui font la différence.

En pratique

Voici un témoignage sur le plan d'argumentation pour un modèle de voiture de luxe : « Je commence par parler de ma marque : les clients en connaissent très souvent le nom, mais ignorent son histoire glorieuse et ses nombreuses inventions techniques. Je raconte ensuite l'histoire de ce modèle, notamment l'idée qui a présidé à sa création et à son design si particulier. Puis je parle de son avantage le plus évident : sa solidité (avec démonstration). Ensuite, je montre la qualité des finitions, pour faire comprendre combien les détails ont été soignés, ce qui justifie le prix élevé. Enfin, je fais essayer, pour que le client touche, sente et se projette en tant que propriétaire, alors que, vous le notez, il n'a pas encore donné son accord. Je lui fais anticiper la possession ; je l'installe dans la voiture. »

■ « Romancer » le produit

Nous en avons déjà parlé dans le chapitre précédent : « romancer », c'est parler du produit et autour du produit. Pour cela, on cherchera pour chaque produit les différents éléments qui vont le transcender. Il faut être capable d'anoblir un produit : lui donner une dimension non matérielle. N'oubliez pas que le luxe, à l'origine, c'est l'échange entre rois. Il ne s'agit pas de raconter des histoires, mais votre histoire pour votre marque ou l'article en question. L'histoire que vous racontez est plaisante à écouter, a du sens et enrichit votre client.

■ Citer des chiffres à l'appui

Il est nécessaire de citer quelques chiffres, parce qu'ils rassurent et donnent un côté professionnel à l'argumentation. Par rapport à la marque, ce peut être la date de création de l'entreprise, le nombre de quantités produites par an, le nombre de clients, etc. Il est aussi facile d'indiquer quelques chiffres liés au produit : par exemple, le nombre d'heures nécessaires pour le fabriquer. Chez Hermès on dit : *« Nos produits ne sont pas chers, ils sont coûteux à fabriquer. »* Il ne s'agit, bien entendu, pas de noyer le client dans un flot de chiffres, mais de distiller des éléments marquants et parfois saisissants.

■ Illustrer avec des images

Un support visuel est un des outils les plus efficaces. En effet, la plupart des personnes sont plus attentives aux illustrations et les mémorisent mieux. Il peut s'agir simplement d'un classeur, contenant un ensemble d'images qui servent pour illustrer. Il est souvent plus facile de montrer que de décrire : on perd moins de temps et gagne en précision. Les photos sont aussi des outils à l'efficacité irréfutable.

■ Raconter des anecdotes réelles

Quelques anecdotes réelles viennent aussi agrémenter et solidifier la présentation. Un vendeur pourra, par exemple, parler de la genèse du produit.

■ Utiliser des auxiliaires de démonstration

Le bon vendeur professionnel dispose d'outils pédagogiques qui lui permettent, mieux qu'un discours, de faire comprendre en un instant un aspect technique difficile à expliquer. Ainsi, un vendeur de montres de luxe peut avoir dans son tiroir quelques exemples de mouvements, pour les sortir au moment opportun, quand, par exemple, le client demande à quoi ressemble un mouvement.

■ Axer l'argumentation sur les motivations positives

Dans la présentation, on ne cherche surtout pas à réduire les objections du client, mais à susciter des réponses positives afin de pouvoir s'appuyer dessus. Ainsi, si le client est particulièrement sensible à votre marque, parlez davantage d'elle.

■ Centrer l'argumentation sur le client

L'argumentation ne consiste surtout pas à débiter tout ce qu'on sait du produit. Le vendeur peu expérimenté s'empresse d'évacuer ses connaissances, d'inonder le client sous le flot des arguments, en pensant pouvoir ainsi lui rendre service. En fait, le vendeur se met souvent dans une émission de type radiophonique, en d'autres termes *une communication à sens unique* par manque de technique.

Un exemple de dialogue

— *Pour le cadeau que vous voulez offrir à votre mari, vous recherchez une montre, plutôt sportive, originale... Voici une montre parfaitement sportive avec chronographe... Comment la trouvez-vous ?*
— *Elle a effectivement une allure sportive...*
— *C'est vrai, de plus ces index en chiffres arabes évoquent la performance. Votre mari va l'adorer... N'est-ce pas ?*

Quelques conseils pour rendre votre argumentation efficace

Quand vous argumentez, ne cherchez pas le sensationnel. Parlez à vos clients de ce qui les intéresse. Parlez-leur d'eux, de leur vie, de ce que le produit que vous leur présentez va leur apporter.

Argumenter, ce n'est pas asséner à votre client la totalité des avantages des produits que vous essayez de lui vendre. C'est, au contraire, sélectionner soigneusement les seuls arguments qui l'intéressent (ceux que vous connaissez, puisque vous avez «découvert» votre client). N'utilisez que les arguments correspondant aux besoins et à la psychologie de votre client.

Argumenter, c'est émettre chaque argument l'un après l'autre. Une seule idée à la fois.

Argumenter, c'est s'adresser à la fois à la sensibilité (à la psychologie) et à la raison du client (à son besoin de logique).

Quand vous argumentez, dites la vérité. Le mensonge se retournera contre vous. Une réclamation ultérieure produite par une allégation non fondée fait toujours mauvais effet.

Soyez sincère dans vos propos. Montrez que vous y croyez, que vous êtes convaincu de la qualité de ce que vous vendez. (Si vous ne l'êtes pas, et vous nous pardonnerez d'être aussi rugueux, nous vous conseillons de vendre autre chose qui vous inspirera plus !) Argumenter, c'est installer votre client dans votre produit. Pour cela, parlez au présent. Ainsi, vous anticipez la possession. De même, utilisez le *vous*, le *votre*. Parlez-lui de *son* article, même s'il ne l'a pas encore acquis.

Appuyez votre argumentation en regardant votre client dans les yeux. Votre regard, sans insistance, donne de la force à votre argumentation. En regardant votre client vous percevez mieux ses réactions.

Enfin, choisissez des mots évocateurs, séduisants.

Se vendre ou la crédibilité du vendeur

Un vendeur sait aussi se vendre : si la confiance du client se mérite dans le temps, à travers l'excellence de la relation client, le vendeur doit la gagner, pour permettre aussitôt que possible la décision d'achat.

Votre comportement pendant la conversation de vente est un puissant facteur d'entraînement vers l'accord du client. Non pas par une quelconque pression ou un ascendant que vous exerceriez sur lui, mais bien parce que votre passion pour ce que vous vendez, votre bonne humeur, votre courtoisie, votre désir sincère d'aider le client, votre professionnalisme, et même parfois une amicale complicité, le plaisir que trouve le client dans votre manière de conduire la conversation de vente le rassurent et lui inspirent confiance.

Toutefois, n'en faites pas trop. Ne confondez pas complicité et familiarité. Un client n'est pas un ami. Vous devez à la fois vous montrer amical et garder vos distances. Et, s'il arrive que votre visiteur semble s'intéresser à vous, ne relâchez pas votre réserve. Nous savons que nous sommes ici dans le domaine de la nuance ; les excellents vendeurs savent parfaitement ne pas dépasser la limite.

Dernier conseil : le client n'aime pas partager les problèmes du vendeur. Il ne sert à rien d'expliquer au client ses propres pressions, ses difficultés quotidiennes ou pour atteindre les chiffres imposés par la direction. D'une part, parce que les difficultés internes n'ont pas à être révélées à l'extérieur ; d'autre part, parce que l'aveu de vos faiblesses vous disqualifie aux yeux des clients.

De la confiance en soi

Aux États-Unis, un conseiller de vente doit avoir une grande confiance en soi pour mériter celle de son client. En France, cette confiance en soi s'exprime par une bonne éducation. En Italie, le charme constitue un signe de distinction. Au Japon, les conseillers de vente doivent savoir rester dignes et fiers de leur métier. Une chose est certaine, universelle : la confiance en soi se traduit par une parfaite maîtrise de la langue. Cultivez votre langage, soignez vos expressions, élevez votre expression orale au niveau de la qualité des créations présentées. Soyez au niveau de vos clients.

Chapitre 18

Une objection ? Adoptez le bon comportement

Il n'est guère de conversation de vente sans que votre interlocuteur manifeste, si ce n'est un désaccord, du moins une réserve, sur des aspects plus ou moins importants à vos yeux. Il marque ainsi une certaine réticence. Il émet des objections. En général, on les redoute, car l'on se demande si l'on n'est pas en train d'échouer. Mais, au fond, pourquoi votre client se manifeste-t-il ainsi ? Que cherche-t-il à nous faire comprendre ?

Quand il objecte, votre client vous informe

Tout riche qu'il soit, votre client n'en est pas moins un homme ou une femme et est donc confronté à des inquiétudes, peu importe qu'elles soient dues à une simple crainte ou se muent en peur. Votre client va alors manifester sa gêne. Il émet des objections. Celles-ci sont de natures très variées.

Comprenez qu'une objection est un *signal* émis par votre interlocuteur. C'est un appel à votre attention. Il n'est pas assez informé. Il est gêné. Il a une crainte. Le client doute simplement en raison de la peur de se tromper. Ce besoin de réassurance se traduit par un questionnement. N'oubliez pas que, sauf exception, votre client n'est pas un acheteur professionnel, mais une personne face à son désir – sans cahier des charges ni vraiment de compte à rendre.

Ce client ne sait pas toujours comment exprimer ses réserves, ni exprimer de façon rationnelle ses doutes. Il donne ainsi l'apparence de se défendre, voire de vous attaquer, alors que, peut-être, il vous appelle à l'aide pour apaiser ses appréhensions.

Une objection est une manifestation d'ordre psychologique du client née de la crainte ou d'un manque d'information

Votre client objecte, c'est d'abord son droit. En effet, vous faites de gros efforts pour l'amener à la décision. Son objection est une manière de vous dire qu'il n'est pas entièrement d'accord avec vous.

Quand votre client objecte, c'est aussi un besoin qu'il exprime, celui de reprendre son souffle, d'évacuer un peu d'angoisse.

Le client exprime des doutes. L'objection se traduit par un questionnement, exprimé plus ou moins maladroitement par le client. N'oublions pas que si vous êtes un vendeur professionnel, connaissant parfaitement ses produits, votre client est avant tout quelqu'un qui découvre tout.

Une objection est une manifestation d'ordre psychologique du client née de la crainte ou d'un manque d'information. N'oubliez pas que, parfois, derrière une objection se profile une solution concurrente de la vôtre. Cette solution concurrente peut émaner d'un autre fournisseur ; mais elle peut être une autre solution, que l'on appelle « concurrence indirecte ».

Votre comportement face aux objections du client

Une objection signale l'intérêt du client pour ce que vous lui proposez

Il faut absolument que vous vous rendiez compte qu'un client qui émet une ou plusieurs objections vous signale que vous avez, selon lui, dépassé la limite de ce qu'il est prêt à admettre. En même temps, il vous invite inconsciemment à explorer ce qui le heurte.

Même si l'objection est exprimée sur un ton hostile, elle n'appelle pas une réplique vive de votre part. L'objection traduit alors simplement la tension du client : il a besoin de davantage de sérénité et de calme de votre part. L'adage « qui aime bien châtie bien » peut être transposé ici. C'est parce que l'objet que vous lui présentez l'intéresse que votre interlocuteur exprime ses interrogations. S'il ne s'y intéressait pas, il ne prendrait pas le temps, ni ne ferait l'effort, de vous demander des précisions.

Il faut d'abord comprendre le point de vue de votre vis-à-vis.

Traiter une objection, ce n'est surtout pas rechercher l'affrontement. C'est plutôt s'inscrire en apparence dans le mouvement de l'objection pour la mieux comprendre et la retourner à son profit.

La première pratique à acquérir dès que surgit une objection consiste d'abord à diminuer la pression. Cet effet est assez facile à obtenir : il suffit d'être attentif à l'objection, de l'écouter, de se la faire expliquer, comme s'il s'agissait d'une question normale, naturelle.

Vous êtes heurté ? N'en laissez rien paraître. Gardez votre calme. Souriez doucement par exemple. Votre calme montre votre professionnalisme : vous êtes fort, vous rassurez votre client durant cette phase tendue d'échanges en vue de la décision d'achat.

Respectez les objections : elles sont à la fois un signe d'intérêt du client, une alerte sur ce qui le dérange et une invitation à mieux le connaître. Une objection est une chance de compléter la compréhension du point de vue du client.

Vous croyez connaître cette objection ? Rien ne vous dit que votre interlocuteur exprime par cette objection-là le même contenu qu'un autre. Alors soyez prudent, faites-vous expliquer l'objection. Plus vous vous faites expliquer l'objection, plus votre vis-à-vis vous indique comment mieux le comprendre. Comment mieux comprendre sa psychologie propre, ses dominantes psychologiques.

Une objection est une occasion de compléter votre découverte. Aussi, ne « contrez » pas une objection. Ne répondez pas du tac au tac. Vous courrez trop le risque de faire une réponse standard, inadaptée à ce client-ci, précisément. C'est une profonde erreur de croire qu'en apprenant par cœur les cent ou plus ripostes aux objections les plus courantes vous devenez invincible.

Non seulement il faut vous faire expliquer l'objection — par ce qu'on appelle la méthode de l'effritement, c'est-à-dire quelques questions d'investigation pour faire expliquer par le client les raisons qui expliquent son objection —, mais en plus il faut écouter avec une extrême attention les détails qui vous sont fournis. Puis il vous faudra prendre en compte les éléments présentés pour agencer votre réponse.

Soyez pédagogue en traitant l'objection. Expliquez. Expliquez encore, en vous adressant à la logique de l'esprit et à la sensibilité de la psychologie.

N'oubliez pas que vendre, c'est rechercher un accord. Votre ton doit être celui de quelqu'un qui est du même bord que votre interlocuteur et jamais celui de l'ennemi d'en face.

Bien identifier les objections

Vous avez bien compris la nature d'une objection : ce n'est ni plus ni moins qu'une interrogation. Il vous faut à présent parfaitement l'identifier, afin de pouvoir la traiter avec efficacité.

Les objections sont d'abord plus ou moins fortes, plus ou moins nombreuses selon la valeur de l'achat et la fréquence d'achat du client. Au fond, à travers ses objections, le client apprend également et chemine dans sa vie de client du luxe.

Un client achetant pour la première fois sera évidemment méfiant, sur la défensive. Si le montant est très élevé, il peut chercher à connaître la vérité à travers un questionnement plus énergique. Votre attitude de pédagogue le rassurera. Les clients habituels vous posent peu de questions très précises et savent ce qu'ils recherchent. Apportez des réponses courtes et concises. L'approximation ne sera pas pardonnée.

Les objections sont souvent les mêmes : vous pouvez apprendre à les anticiper. Notez-les précieusement dans un carnet comme le font tous les meilleurs vendeurs, pour pouvoir réfléchir à la meilleure manière de les traiter.

Vous pouvez d'abord, comme évoqué dans les chapitres précédents, les relier à une des cinq motivations clés. Est-ce une objection sur ma marque ? Pour une objection sur le produit, quels sont les éléments sur lesquels portent le plus souvent les objections ? Une objection sur le prix ? Un blocage sur le point de savoir où et quand acheter ? Vous verrez : en situation de face-à-face avec le client, votre capacité à classer les objections vous libère et favorise la mobilisation de votre créativité dans la réponse à apporter. Nous le verrons dans les différents exemples qui suivent.

Vendeur perspicace, vous vous devez de comprendre le non-dit psychologique derrière les objections. Bien entendu, votre client ne vous dira pas verbalement qu'il a peur de se tromper : or, c'est bien le cas.

De l'objection du client, sachez déduire la question ou la peur liée :

— Marque : « *Votre marque n'est pas connue pour la qualité de son service après-vente.* »

  → « *J'ai peur de ne pas bénéficier d'un bon service après-vente.* »

— Produit : « *Le design ne me plaît pas encore tout à fait.* »

  → « *J'ai peur de me tromper de modèle.* »

— Lieu : « *Aujourd'hui, je peux trouver ce produit partout !* »

  → « *J'ai peur de me tromper d'endroit où acheter.* »

— Prix : « *Votre concurrent le vend moins cher que vous.* »

  → « *J'ai peur de me faire avoir.* »

— Temps : « *Je ne vais pas acheter maintenant, je souhaite comparer d'abord.* »

  → « *J'ai peur de me tromper, en me décidant trop vite !* »

Souvent, il faut savoir également faire le chemin inverse : votre client exprime une objection de façon émotionnelle. C'est à vous de bien la replacer dans un cadre plus rationnel. Plus une objection est explicite pour vous, plus il vous est facile de la traiter. La phase de l'objection est souvent le moment de la vérité : achat ou non-achat. Aussi ne nous étonnons pas de toute l'émotivité qui peut surgir ; à vous de bien saisir le signifiant des émotions. Voici quelques exemples d'expressions :

— Marque : « *Votre marque n'est pas très sérieuse.* »
— Produit : « *Le design est bizarre.* »
— Lieu : « *Votre boutique ne m'inspire pas confiance, surtout quand j'aurai un problème !* »
— Prix : « *Vous n'êtes pas honnête sur les prix.* »
— Temps : « *Je ne sais pas, je ne le sens pas encore !* »

Il vous appartient de bien faire préciser ces objections pour bien les comprendre.

Objection : convaincre et vaincre, ou persuader ?

La vente n'est pas un affrontement, encore moins une bataille. Dans la démarche visant à convaincre et vaincre, manifestement, un vainqueur a triomphé d'un vaincu. Vous souhaitez vendre ; votre client souhaite faire le bon achat : voilà le terrain d'accord. Même si vous n'avez pas pu réaliser la vente, le client peut très bien revenir demain. De même, si vous lui avez forcé la main, il revient très vite vous réclamer le remboursement. En tout état de cause, votre client accepte au mieux d'être en fin de vente «convaincu» de son choix, mais jamais d'avoir l'impression d'avoir été convaincu par le vendeur.

Nous avons déjà évoqué plus haut la démarche persuasive : elle doit guider l'ensemble de votre manière de conduire cette phase délicate de traitement des objections. Pour venir à bout de ses «résistances», pour l'amener à la prise de décision, votre approche consistera à axer sur le client, et uniquement le client.

Le traitement des objections en trois étapes

Une fois comprise, une objection se traite en trois étapes, en toute délicatesse. Prenez tout le temps nécessaire pour accepter, traiter, puis continuer à progresser.

Voici un exemple de traitement en trois étapes ; nous expliciterons par la suite les points clés de chaque étape.

Voici l'objection de votre cliente : « *Ce modèle me plaît beaucoup, mais je ne me vois pas porter un bijou aussi extravagant !* »

1. Accepter : « *Je comprends. C'est effectivement un bijou qui a beaucoup de caractère.* »
2. Traiter : « *Et peut-être est-ce justement en raison de son caractère exceptionnel qu'il vous plaît tant. Effectivement, ce n'est pas un bijou pour tous les jours ni tout le monde ! Je vous ai trouvé parfaite quand vous l'avez essayé !* »
3. Progresser : « *Je vous propose de le réessayer ; nous avons un miroir juste à côté. Vous me direz ce que vous en pensez.* »

■ Accepter : accueillir favorablement l'objection

On propose d'abord de bien accueillir l'objection : avec gentillesse, voire avec plaisir ! Car n'oublions pas qu'une objection du client est, pour le vendeur, un moyen de mieux le connaître. Chaque objection bien traitée fait avancer vers la décision d'achat.

Le plus simple consiste à considérer une objection comme une question, souvent mal formulée, de la part du client.

Les très bons vendeurs sont ceux qui sont capables d'accueillir les objections avec le sourire. Il s'agira de les accepter sans conditions, sans se sentir visé : les objections du client peuvent parfois paraître agressives en apparence ; elles ne sont que l'expression d'une peur, plus ou moins grande, exprimée plus ou moins bien. Il faudrait presque être reconnaissant au client de vous livrer son sentiment de crainte. On comprend alors que vous accueilliez cette objection avec bienveillance.

On peut ainsi commencer par remercier le client : «*Je vous remercie d'attirer mon attention sur cet aspect.*» On prendra garde à ne jamais répliquer immédiatement, ou en tout cas trop vite, après l'émission d'une objection : le client pourrait vivre cela comme une riposte, et donc comme l'aveu que cette objection est si fréquente (donc dans l'esprit du client, elle est bien fondée) que votre repartie est déjà prête.

En accueillant très sereinement les objections, vous montrez surtout que vous êtes très professionnel. Au fond, le client gagne déjà en confiance, puisqu'il peut trouver des réponses à ses interrogations.

Il est souvent nécessaire de mieux comprendre l'objection ou les objections. Aussi faut-il commencer par la faire expliquer. C'est le premier des traitements : «*Pouvez-vous m'expliquer ce qui vous amène à penser ainsi ?*»

Cherchez toujours à comprendre, même si vous avez l'impression de pouvoir apporter de suite la réponse. En effet, il n'est pas certain que ce que vous dit le client a le même contenu que ce que vous croyez. Pour éviter de répondre à côté, ne répondez pas immédiatement.

■ Traiter : proposer un accord intelligemment

Une objection est non seulement une question, mais aussi l'expression d'un intérêt. Sans cela, il ne ferait pas de remarque et abandonnerait la conversation de vente. À travers son objection, il exprime aussi un point de vue. À vous d'en proposer un autre, le vôtre, avec intelligence.

L'approche persuasive vous incite à ne pas chercher à prouver que votre point de vue est plus valable que celui du client. Vous proposez une autre vision et invitez votre client à considérer la vôtre.

Alors que votre client n'achète pas un produit de luxe de grande valeur tous les jours, vous les vendez au quotidien. Votre expérience et votre «savoir-vendre» permettent de proposer des points de vue pertinents. Faire naître le doute suffit largement en général : votre client se dit que, finalement, peut-être, son point de vue n'est-il pas absolu et que le vôtre est également valable.

De nombreuses techniques existent et nous les présentons ci-après à travers un exemple concret. Vous disposez d'une panoplie d'outils pour traiter une objection.

Quelques techniques de traitement des objections

Exemple d'objection : «Ce modèle me plaît beaucoup, mais je ne me vois pas porter un bijou aussi extravagant !»

Ne pas tenir compte de l'objection

Une objection étant avant tout une remarque du client, votre action consiste simplement à attendre avec gentillesse la suite...

«Positiver» l'objection

On garde le côté positif de l'objection, en veillant à ne pas la trahir : «Il est vrai que c'est un bijou qui a beaucoup de caractère.»

Minorer l'importance de l'objection

Il s'agit d'aider à la faire accepter. On se garde de donner l'impression d'ignorer cette objection ; on la minore, sans la dénier : «Ce bijou vous plaît tellement... N'est-ce pas ce qu'il y a de plus merveilleux ?»

Remettre l'objection à plus tard

On demande avec gentillesse la possibilité de traiter cet aspect plus tard. Il faut effectivement y revenir par la suite si nécessaire. «Je vous propose de réessayer une nouvelle fois. En attendant, permettez-moi de vous parler de ce qui a inspiré notre designer !»

Faire diversion

On invoque un autre élément qui intéresse le client pour temporiser et valider l'importance de son objection. Bien entendu, cette technique s'applique aux objections de moindre importance. «Laissez-moi vous montrer quelques prouesses techniques nécessaires à la réalisation de ce très beau bijou.»

Diviser l'objection

On invite le client à préciser l'objection, et, si possible, proposer d'autres objections possibles liées. On a ainsi des objections plus faciles à traiter. «Puis-je vous demander, s'il vous plaît, ce qui vous fait penser cela pour l'instant... Est-ce la taille du bijou ? Ou plutôt les diamants ?»

Minimiser l'objection

Il s'agit d'atténuer les propos du client. En minimisant une objection, on rassure le client : «Si vous voulez dire que c'est un bijou qui sort de l'ordinaire, c'est vrai ! Notre Maison propose des créations exclusives, qui plaisent vraiment, et jamais juste pour étonner.»

Affirmer votre position pour faire contrepoids

Un bon conseiller est aussi capable de faire passer ses convictions. Affirmer, c'est s'affirmer avec force, quand cela est possible. Une bonne affirmation doit être sans appel, indiscutable : «Je peux vous affirmer que je vous trouve parfaite avec ce bijou. Vous pouvez faire confiance à mes vingt années d'expérience.»

Prouver le bien-fondé de votre proposition

Pour l'imposer, nous proposons d'aller au-delà de l'affirmation en apportant des preuves, en ayant recours à :

— *des images ; nous connaissons tous la force des images : ce qui est vu est vrai. «Permettez-moi de vous montrer quelques photos de célébrités avec nos bijoux, prises récemment» ;*

— *des chiffres, car ils apportent une force ; comment en douter ? «Cette très belle pièce joaillière, sertie de deux cent cinquante diamants, a nécessité plus de trois cents heures de travail au sein de nos ateliers.»*

■ **Progresser**

La pertinence de votre apport est appréciée. Le client vous écoute, vous fait part de son adhésion, qui peut s'exprimer simplement par un doute : *«Peut-être...», «Vous avez peut-être raison», «Pourquoi pas ?».*

Ou encore, son accord s'exprime franchement, suivi ou non d'une seconde objection : *«D'accord, mais, en revanche...», «C'est clair, mais...», «Je vois, ce n'est pas mal».*

Parfois, ses yeux vous le disent : son objection n'en est plus une. C'est alors le moment de rechercher un accord verbal ; le client ne vous le dit pas, proposez-le, en valorisant son objection :

— *« Vous avez raison, c'est très important de faire le bon choix. Et si je vous montrais son écrin ? »*
— *« Vous le voyez bien, sa taille n'est pas un souci... Voyons les autres questions dont vous avez bien voulu me faire part... »*
— *« Vous le voyez, notre Maison est bien plus célèbre que vous pensiez. Vous aimez tant ce bijou, je souhaite maintenant vous présenter ses finitions exceptionnelles. »*

L'accord tacite suffit : celui qui ne dit mot consent !

Vous passez ainsi d'objection en objection, parfois avec des phases de présentation, dans une atmosphère conviviale. Vous avancez avec votre client, dans un processus de non-retour, vers la décision d'achat.

Les meilleurs conseillers de vente le savent :
les objections sont indispensables à la vente

Voici le témoignage en la matière d'un conseiller : « Si certains clients expriment facilement leurs doutes, d'autres n'ont pas toujours envie de les exprimer. Je n'hésite pas à les exprimer à leur place en commençant par des formulations assez simples comme :

— *"Peut-être doutez-vous encore de la qualité de notre Maison..."*
— *"Peut-être vous dites-vous que vous n'avez pas besoin d'une montre de plus..."*

Les clients sourient souvent et apprécient ma bonne volonté et cette gentille délicatesse. »

Chapitre 19

Le marchandage, raison et sentiments

Le marchandage, même dans le luxe ? De belles créations horlogères sont vendues avec des remises prétendument exceptionnelles – tous les clients habituels le savent, il suffit de demander. Il n'est pas rare de rencontrer des couples de touristes faisant le tour des boutiques de la place Vendôme à Paris à la recherche de la bonne affaire du jour en faisant jouer la concurrence entre les boutiques.

Les remises prennent de jolis noms : un avantage client, un geste commercial exceptionnel ; ou encore une grande élégance : « une offre pour bien plaire ». La réalité n'en est pas moins regrettable. Un rabais signifie moins de ventes, moins de bénéfices et, nécessairement, moins de prestige pour votre marque. Et cela de façon inexorable. Comment expliquer à un client habitué à des remises que, désormais, il ne va plus en bénéficier ?

Est-ce pour autant un mal nécessaire ? Il ne faut pas oublier que si l'on baisse un prix, on avoue que la valeur du produit est artificielle. Toutes les Maisons de luxe l'assurent, la lutte contre les rabais est une priorité absolue. Dans cette lutte contre le marchandage vous avez un rôle essentiel à jouer.

Les origines du marchandage

Pour un achat important et exceptionnel, votre client a légitimement besoin d'en connaître le prix. Probablement a-t-il déjà vérifié les prix sur Internet et téléphoné aux différents points de vente avant de vous rendre visite. Il s'est également renseigné auprès de ses amis sur les points de vente les plus intéressants en termes de remises. Il se décide, persuadé de faire le meilleur choix et au prix le plus juste.

Votre client marchande d'abord, car cela fait partie de sa pratique, notamment en Asie ou au Moyen-Orient pour tous les produits, qu'ils soient ou non de luxe. Ou encore est-il un habitué des remises – choyé par les Maisons de luxe qui lui octroient des remises exceptionnelles.

Les pratiques de rabais existent simplement en raison de la concurrence entre les différents distributeurs, des promotions ponctuelles ou pour solder les fins de série. Certaines Maisons parviennent à contrôler cette pratique et tendent vers le prix fixe grand public. Dans la réalité, la peur de perdre une vente entraîne de petits sacrifices sur les prix.

Il y a enfin les remises quasi officielles. Dans tel ou tel pays, pour tel type de produits, les clients savent qu'il est possible d'obtenir un certain niveau de remises pour certaines marques... Ces informations circulent sur la Toile ; pour votre client, la remise est acquise.

Si les prix n'inspirent pas confiance, il va falloir que votre client s'assure du bon prix. Et puisque les remises sont possibles, pourquoi ne pas négocier ?

Marchander demande du temps et de l'énergie ; ce n'est jamais une partie de plaisir.

Les difficiles comparaisons de prix ?

Les conseillers font face à deux types de concurrence relative au prix : la comparaison à l'international et la concurrence déloyale.

Ainsi, les clients voyagent et comparent. Les prix sont souvent plus faibles en raison de la politique tarifaire, des taxes locales, et des variations des cours du change. Soyez transparent, car votre client peut toujours vérifier les prix. Minimisez plutôt la différence et les avantages d'acheter maintenant (disponibilité, sans risque, service lié).

Par ailleurs, il existe malheureusement des revendeurs non officiels qui parviennent à s'approvisionner et proposent des prix imbattables. Sachez protéger votre client contre ces tentations. Faites comprendre les risques induits (copie, second choix, occasion, imports illégaux, recel, etc.).

Pour le client,
la pénible recherche du vrai prix

Pour se décider, votre client a besoin de connaître le vrai prix. Aussi va-t-il commencer par vous demander une remise, pour voir. D'abord, il vérifie le prix : « *100 000 ? Il y a bien une remise, non ?* » Il demande à nouveau le prix et ajoute : « *Quelle remise vous me faites ?* » Il le fait souvent avec gentillesse, car il s'agit de vérifier, de tâter le terrain ; sa décision d'acheter n'est pas encore mûre.

S'il porte un intérêt véritable au produit, il contestera le prix que vous annoncez. Puisque les remises sont possibles, pourquoi ne pas insister et l'exiger ? Votre client, ici, recherche le prix juste, à travers, si nécessaire une confrontation. Il ne souhaite simplement pas être dupe et regretter de s'être montré timide. Il ne veut pas se tromper, ne pas obtenir ce que les autres ont obtenu. Il veut le vrai prix, ni plus ni moins.

Enfin, votre client peut vouloir le meilleur prix. Vous lui avez déjà accordé la remise habituelle ? Cela ne lui suffit pas, habitué par tempérament à toujours vouloir plus. Il veut obtenir un bénéfice que les autres n'ont pas obtenu : « *Faites un effort !* »

Et si vous lui offrez, par exemple, un bracelet, il répliquera : « *Pas un bracelet ; je veux 20 % ; chez C... j'ai déjà 15 %.* » Votre interlocuteur est peut-être un homme d'affaires, qui, par jeu, veut « arracher » quelque chose.

C'est un marchandage et votre client exigeant peut aller jusqu'à la menace de vous quitter. Il doit s'assurer d'avoir tout obtenu.

Pour le conseiller,
la peur irraisonnée de perdre une vente

Nous l'avons vu, les clients du luxe marchandent, car les rabais existent bel et bien. Et vous, conseiller, pourquoi les accordez-vous ?

Vous êtes d'abord fragilisé par la peur de perdre la vente. Une peur, d'ailleurs, très souvent partagée par votre hiérarchie, responsable des résultats des ventes. La tentation est grande de conclure les ventes par le biais des rabais. Mais, à la prochaine visite, comment vendre, sinon en accordant encore plus de remises ?

Vous êtes autorisé à octroyer des remises. Et si on vous l'interdisait, que feriez-vous pour vendre ? Commencez par les considérer comme un mal non nécessaire. Nous vous invitons à vous forger une conviction indispensable pour réussir la lutte contre les remises.

Pour défendre son prix : lui donner de la valeur

Cela va sans dire, vous donnez, expliquez et justifiez votre prix, sans jamais évoquer la possibilité de remises. Un marchandage doit être retardé, faute de pouvoir l'éviter. Méfiez-vous des fausses demandes de rabais ; ce sont de simples objections, même si le client a parlé de prix :

— Marque : *« Votre marque ne vaut pas ce prix-là. »*
— Produit : *« Votre produit est trop cher. »*
— Lieu : *« Je peux l'acheter moins cher ailleurs. »*
— Temps : *« Si j'achète dans trois mois, ce sera moins cher ! »*

Assurez-vous également de l'intérêt sincère du client pour un article ; veut-il vraiment acheter ou s'agit-il d'un simple test pour savoir quelle remise vous pourriez pratiquer ? Le marchandage est donc initié à la demande du client : *« Vous me faites un prix ? »* ; *« Quel discount vous me faites ? »*.

Défendre son prix ne consiste pas à reparler du produit, mais à montrer et expliquer sa valeur. Le client vous parle d'argent ? Parlez-en sans complexes avec lui. C'est le seul moyen de bien le rassurer. Ne quittez pas le registre aristocratique qui est le vôtre. Nelly Rodi, spécialiste de l'étude des tendances de la mode, souligne que *« l'identité du luxe, sa légitimité, renvoie à la grande Histoire de la France, comme un morceau de patrimoine et de culture infiniment désirable »*.

Quelques techniques de défense du prix

— *La minoration du prix : vous connaissez parfaitement votre produit. Il vous est aisé de le décomposer en une addition de valeurs. Il peut s'agir des matières précieuses, du nombre d'heures de travail ou encore de la recherche et développement. Évoquer les constituants et leurs coûts indispensables pour produire vous aidera à justifier votre prix.*

- *Le potentiel de gain : les prix des produits de luxe augmentent tous les ans ; faites-le savoir. Certains produits prennent de la valeur dans le temps. Parler du potentiel de gain au client fera de votre produit un investissement qui rapporte.*
- *Les économies : faites valoir le faible coût de l'utilisation, même si la valeur à l'acquisition est plus élevée. Il peut s'agir d'un faible coût de maintenance, d'une durée de vie plus longue ou encore d'un coût relativement raisonnable, par jour d'utilisation. En avançant ces arguments, vous défendez l'idée d'un prix rentable.*
- *Les concurrents : vous connaissez le marché, les produits concurrents. Il vous est toujours possible de citer quelques produits, plus chers. Votre prix apparaît comme étant raisonnable.*
- *Les risques d'augmentation de prix : un prix d'un produit de luxe peut s'envoler sous l'effet de la demande, l'augmentation des cours des matières premières, voire de nouvelles politiques tarifaires. Si votre client aime le produit, il craindra un risque de surcoût.*

Le financement pour rendre le prix accessible

Un crédit gratuit met fin à la demande de remise. Le financement permet également de clore la vente. Cette pratique est communément utilisée lors de l'achat d'automobile, avec une grande panoplie de solutions de financement. Au Japon et aux États-Unis, les paiements différés de produits de luxe sont communément pratiqués. Alors, pourquoi ne pas l'intégrer dans votre lutte contre le marchandage, si votre entreprise vous donne la possibilité de le pratiquer ? Voici quelques phrases efficaces pour affirmer son prix :

- *« Le prix est juste, c'est plus que raisonnable. »*
- *« Le prix est réel, nos clients n'ont pas besoin de négocier et apprécient. »*
- *« Le prix est exceptionnel et vous êtes gagnant. »*

Des ventes additionnelles

Les ventes additionnelles sont souvent demandées aux conseillers de vente. Réussissez-les avec élégance.

Distinguons d'abord les possibles propositions :

- Une proposition complémentaire (« ce qui est nécessaire avec ») : présentez directement les produits à prendre. C'est un service à offrir tout naturellement.
- Une proposition tentation (« ce qui peut aller bien avec ») : proposez avec beaucoup de bonheur. C'est l'opportunité pour le client de mieux se faire plaisir, de profiter pleinement de sa visite.

Vous pouvez, en début d'entretien, annoncer l'intention de présenter d'autres créations et déjà « prendre rendez-vous » pour une deuxième vente. Il s'agit simplement d'une nouvelle vente facilitée par votre connaissance du client et la confiance déjà établie. Il faut ici une argumentation aiguisée, un ton plus affirmé pour pouvoir conclure rapidement.

Chapitre 20

Conclure la vente

Si vendre est complexe, acheter n'est pas toujours une partie de plaisir. La difficulté pour un client varie selon la valeur (combien cela coûte) et la charge émotionnelle (en quoi cela m'importe).

L'effort du client croît bien entendu avec la valeur de l'achat, ou plutôt la valeur relative ; un client occasionnel achetant son premier costume sur-mesure sera extrêmement tendu. Pour d'autres clients, l'achat relève de la routine. De même, si le costume est destiné au mariage du client, on peut imaginer sa peine à se décider. Vous détenez probablement déjà des clés, par le biais de la découverte.

Une tension certaine existe, quelle que soit la valeur du produit. Nous vous invitons déjà au respect des clients occasionnels, qui font un effort significatif et vous honorent de leur préférence pour votre marque.

Aidez le client à vaincre sa peur

Entre désir et peur

Si les raisons d'acheter sont multiples, la cause de l'échec de la vente est presque toujours la peur. Et, très précisément, la peur de se tromper de marque, de produit, d'acheter trop cher, au mauvais endroit et au mauvais moment. Le désir crie au client «le plaisir, ici et maintenant». Sa peur lui assène la fameuse règle du «dans le doute, abstiens-toi».

Entre le désir et la peur, son cœur balance. Et souvent, c'est la peur qui l'emporte. Vous remarquez aussi toute la joie d'un client, après sa décision d'achat. Il a vaincu sa propre peur. Votre rôle est ici essentiel : aider le client à franchir le pas.

Conclure au plus tôt

C'est à nouveau une évidence : les meilleurs conseillers sont ceux capables de conclure. Plus exactement, il s'agit de la capacité à se concentrer sur le résultat final.

Nous avons vu qu'il fallait garder à l'esprit le fait qu'un client ne vient jamais dans une boutique par hasard. Il a une motivation, annonciatrice du futur acte d'achat. Il faut aussi partir toujours du principe que si le client reste dans votre boutique, c'est qu'il est intéressé, voire très intéressé. Et, pour finir, si l'on parle du prix, c'est que la décision est possible.

Bien entendu, on ne souhaite pas donner l'impression de forcer la vente parce qu'on risque de voir le client se rétracter, se replier par méfiance. Il n'est, en revanche, pas désagréable pour un client de voir le conseiller motivé, à condition que ce dernier fasse preuve de professionnalisme et parvienne à conseiller réellement le client, tout en rendant la rencontre agréable.

L'accord du client est placé sous votre responsabilité | Faire conclure le client consiste à l'accompagner dans sa décision en le rassurant sur la justesse de son choix.

Les signaux d'achat

Les vraies objections constituent les signes du début de la prise de décision. Votre client est rassuré par les réponses apportées. Si vous avez pu recevoir de nombreuses objections, votre client est probablement prêt à se décider. À vous de juger le bon moment et de provoquer la décision.

De nombreuses ventes sont perdues par manque de connaissance des signes de cette prise de décision. Votre client a pris la décision — confusément, mais sûrement —, vous l'avez persuadé. Exploitez, appuyez-vous sur ces signes avant-coureurs pour rassurer, pour «enfoncer le clou» de la déci-sion. Les signes avant-coureurs sont à la fois verbaux et non verbaux. Ces derniers sont particulièrement intéressants. Les questions ou remarques de votre client vous le disent parfois sans détours. Il est plus qu'intéressé : il est prêt à acheter. Ce sont des questions très précises sur les caractéristiques, aussi bien celles du produit que de la marque, pour se rassurer une dernière fois. Parfois, il les a déjà posées. Affirme-t-il qu'il réfléchit sérieusement à l'achat ? Sa décision est déjà prise. Enfin, votre client se projette déjà dans l'après-achat en vous posant des questions, se positionne dans le futur, en tant que propriétaire du produit acheté. Ces questions lui servent à se rassurer sur l'avenir, après son achat. Ainsi, il peut demander s'il y a une garantie. Si le produit ne lui plaît pas, il peut s'interroger sur les possibilités de retour : *« Que se passe-t-il en cas de panne ? »*, *« Puis-je voir l'écrin ? »*.

Les signes non verbaux, eux, traduisent une certaine tension, voire de l'anxiété s'il s'agit d'un achat très important. Le client examine ainsi avec grand intérêt les différents détails du produit, en silence. Il prend le produit en main, le manipule, en teste la qualité, prend une mine de juge, accompagnée parfois d'une moue amicale. Votre client aime l'article ? N'hésitez plus à conclure la vente. Détendu en début de visite, le voilà taciturne ; il prend un air sérieux. Les nombreux changements d'attitudes traduisent la tension créée par la difficulté de passer à la décision. Ce sont encore des gestes qui prouvent une grande nervosité : regard tourné vers le ciel, silence prolongé, mains agitées.

Parmi les nombreux signes, citons également les engagements verbaux, souvent manqués par le conseiller, faute d'une écoute attentive :

— *« C'est vraiment pas mal du tout. »*
— *« C'est ce que je recherche. »*

Le conseiller doit savoir, si l'on peut dire, « sauter sur l'occasion » pour amener la conclusion.

Conclure en revenant sur le lien affectif

L'objectif est de revenir, d'insister sur les liens entre le client, et seulement lui, et ses motivations d'achat. On réduit ainsi les dernières résistances, en mettant en avant ces liens, inexistants au début. Ici, c'est le « vous » qui prime.

— Votre client aime, ou vous lui avez fait découvrir avec grand plaisir votre marque : *« Vous aimez beaucoup notre marque »* ; *« Notre marque vous va à merveille »* ; *« Vous serez fier de porter notre marque »* ; *« Vous voilà l'ambassadeur de notre marque »*.

- Le produit lui plaît, il s'agit à présent de lui faire posséder le produit, à l'avance : *« Vous avez fait le bon choix »* ; *« Vous vous sentez à l'aise dans cette paire de mocassins. On dirait presque qu'elle a été faite sur-mesure »* ; *« Vous allez devenir inséparable de ce très beau stylo en argent »*.

- Le service a été excellent, vous avez inspiré confiance ; dites-le lui : *« Vous appréciez notre service, je vous en remercie »* ; *« C'est ici votre boutique »* ; *« Je vous remercie de votre confiance »* ; *« Vous pouvez compter sur moi »*.

- Votre client a probablement été persuadé d'avoir bénéficié d'un prix « correct ». N'hésitez pas à l'affirmer, renforçant ainsi toute la confiance du client dans sa décision : *« Vous connaissez maintenant toute la valeur de ce produit »* ; *« C'est un très bon prix, vous le savez »* ; *« Vous avez obtenu une remise exceptionnelle, vous le savez bien »*.

- Enfin, ne soyez pas timide si vous voulez obtenir une décision. Aidez votre client à décider en lui faisant comprendre que l'achat est opportun : *« Vous ne pouvez pas tomber plus juste »* ; *« C'est comme si cette paire de bottes vous attendait ! »* ; *« Vous allez saisir cette belle opportunité, cette bague vous va tellement bien ! »*.

Quelques méthodes de conclusion

Votre client hésite et c'est normal. Il attend un dernier conseil de votre part et s'interroge : *« J'achète ou pas ? »* Il existe trois méthodes pour l'amener à prendre sa décision.

- La conclusion préférentielle est la plus usitée. Profitez d'un moment d'hésitation du client pour l'inviter à choisir. Tout en mettant en avant les deux choix, vous lui demandez d'exprimer sa préférence : *« Les deux modèles sont formidables, vous les aimez tous les deux, je le sens... Lequel prenez-vous aujourd'hui ? »*

- La conclusion anticipée consiste à parler comme si le client avait déjà pris la décision. S'il se prête au jeu, votre aimable client vous donne son accord : *« C'est parfait ! Je suis heureux que ce modèle vous plaise autant ! Permettez-moi de vous montrer les différentes options gratuites incluses dans le prix. »*

- Enfin, face à des clients parfois très hésitants, la conclusion poussée constitue un mode opératoire efficace. Vous poussez à la décision, plus fermement, mais avec tact et intelligence bien entendu : *« Voilà, je crois qu'il ne faut plus hésiter davantage : cela vous va tellement bien !»* ; *« C'est une excellente décision, vous ne pouvez pas passer à côté d'un tel plaisir».*

Au client qui hésite parce qu'il pense qu'il achète un peu au-dessus de ses possibilités, ou que cet achat est un peu audacieux pour lui, dites : *« Vous pouvez vous le permettre. »*

Confirmer pour clore

Votre client, habitué qu'il est aux conseils personnalisés, ne manque pas de solliciter votre avis. C'est souvent une demande sincère, si vous connaissez déjà votre client. La demande vous honore, vous devez toute votre honnêteté à votre client. Il peut aussi faire juste une demande de confirmation ; votre client a déjà choisi et souhaite vous voir lui confirmer son choix. Parfois, ce sont des demandes pour vous tester. Dans ce cas précis, le client cherche à savoir si son choix est bien le même que le vôtre.

Vous le voyez, dans de nombreux cas, votre client a fait son choix : soyez particulièrement prudent. Par exemple : *«J'achète plutôt du noir... J'ai besoin de votre avis... lequel des deux costumes que voici me va le mieux ?»* Face à cette interrogation, on trouve de nombreux conseillers, qui, pensant donner de bons conseils, expriment plutôt leur propre opinion ; c'est du moins ce que ressent le client. Vous devez d'abord proposer une réponse, le contraire serait impoli. Votre réponse doit être sincère, et non nécessairement celle attendue par le client, voire une réponse mécanique de conseiller, visant à vendre.

Ne vous précipitez pas pour répondre : prenez le temps de la réflexion. Vous montrez ainsi que vous accordez beaucoup d'importance à la demande du client : *«Je vous propose simplement de les essayer, vous pouvez ainsi mieux voir par vous-même. »*

Si vous ne savez pas, dites-le, expliquez pourquoi vous ne pouvez pas encore le conseiller parfaitement : *«Les deux costumes vous vont parfaitement en termes de coupe. Le choix dépend également de vos habitudes, par exemple pour le choix des chemises et des chaussures. Pouvez-vous m'en dire plus ?»*

Évitez l'expression si malheureuse «si j'étais vous, je...», car trop familière.

Si, en toute sincérité, vous devez apporter une réponse défavorable à votre client, avancez la raison de votre réserve, accompagnée du point fort de votre proposition : «*Le costume noir me semble vous aller mieux par rapport à votre habitude vestimentaire. C'est le choix rationnel. Cependant, le costume gris est un choix coup de cœur, tout en restant très sobre.*»

Un client qui a vaincu sa peur est un client victorieux, heureux

Conclure consiste donc à rassurer, ou plutôt à amener le client à ne plus voir que l'aspect apaisant de la décision. C'est également vaincre les dernières résistances, en accompagnant le client à prendre la décision. Un client qui a vaincu sa peur a remporté une victoire sur lui-même. Il en est heureux.

Du service après-vente

Le service après-vente est parfois – à tort – redouté par les conseillers de vente. C'est une visite comme une autre ; vous déroulez le cérémonial de vente à votre habitude, de l'accueil à l'écoute, en terminant par la fidélisation. Face au client mécontent, ne le prenez surtout pas personnellement, mais restez empathique. Soyez enfin confiant envers votre Maison quant à la qualité de ses réalisations et faites-le savoir au client. C'est toujours le meilleur moyen de rassurer. Enfin, prenez des notes, expliquez la suite (comment, qui et quand, ainsi que pour la prise en charge des examens attentifs et de la réparation). Vous l'avez compris : c'est aussi une rencontre qu'il faut réussir.

Chapitre 21

Ce n'est
qu'un au revoir

Votre client vous signifie sa volonté de partir, avec ou sans achat. Peut-être se lève-t-il simplement, ou vous remercie de votre aimable accueil?

Votre client vous a rendu visite, vous êtes son hôte. Pourquoi ne pas proposer justement, à ce moment-là, une autre boisson? Vous appréciez sa visite, vous regrettez déjà son départ; faites-le-lui savoir. Assis, ne vous levez pas avant votre client: vous risquez de donner la désagréable impression de vouloir le chasser. Ayez toujours un petit cadeau à lui offrir: un catalogue, une invitation à un événement, encore mieux, un petit souvenir de votre marque.

Si c'est un nouveau client, il vous faut ses coordonnées: c'est le début d'une relation. Donnez votre carte de visite et précisez oralement votre nom et votre fonction. Si vous travaillez depuis plusieurs années dans le même magasin, c'est un élément rassurant à mettre en avant. Vous souhaitez garder cette relation et il vous faut ses coordonnées: demandez-les sans timidité. En cas d'hésitation de sa part, avancez les possibilités de services: invitation à des ventes privées, envoi de catalogues, ou encore votre engagement à lui faire parvenir un cadeau de votre Maison.

La prise de congé est un moment essentiel: vous vous devez d'accompagner le client jusqu'à la porte, et, au moment de l'ouvrir puis de la tenir, regardez-le en face et remerciez-le pour sa visite. Souhaitez-lui une bonne journée et exprimez-lui votre reconnaissance pour sa visite et votre plaisir de le revoir. Hôte exemplaire, vous aurez la délicatesse de ne pas dire au revoir dans le dos du client: c'est toujours désagréable, car jamais sincère.

On doit lui donner l'impression qu'on va se souvenir de lui, quelle que soit la durée de la visite. Le bon conseiller en profite pour demander avec gentillesse au client de revenir. Et cela vaut, bien entendu, pour tous les clients, qu'ils aient ou non effectué un achat.

Le client a acheté ; vous êtes aux anges. Félicitez-le, soyez plusieurs à faire de même au sein de votre espace de vente. Un achat de grande valeur et d'exception (une voiture, un appartement, un bateau) se célèbre : une bouteille de champagne surgit par magie et l'achat devient un moment inoubliable. Un couple se décide enfin pour une bague de fiançailles ou de mariage ; proposez une belle photo pour immortaliser ce moment magique, que vous leur adresserez accompagnée d'un beau bouquet de fleurs. Voilà quelques idées de services, pour vraiment féliciter.

Le directeur du magasin gagne à venir à la rencontre du client, pour renforcer le lien avec l'espace de vente. Vous signifiez ainsi à votre visiteur son changement de statut. À présent, le voilà client ; on le reconnaîtra et on lui assurera la qualité de service à laquelle il a désormais droit.

Un visiteur sans achat mérite également votre attention. Il va prendre sa décision de revenir et le fera volontiers s'il sent la possibilité de venir voir, sans vous déranger, sans prendre de risque. Rassurez-le, trouvez-lui une raison de n'avoir pas pu prendre la décision aujourd'hui, pour se donner une motivation de se revoir.

Bien lui dire au revoir, c'est le meilleur moyen d'être certain de se revoir.

La promesse de se revoir

Pour être certain de revoir votre client, sachez mériter cette nouvelle rencontre. Faites-vous-la promettre en regardant dans les yeux votre client et exprimez votre souhait d'une nouvelle rencontre. Par conséquent, ne dites jamais au revoir dans le dos de votre client : c'est le meilleur moyen de le mettre dehors. Après sa visite, envoyez-lui un petit message digital : c'est la confirmation de cette promesse. Enfin, votre client ne reviendra que s'il sent votre plaisir de le revoir : soyez heureux de cette perspective et faites-le-lui savoir.

Chapitre 22

Fidéliser la clientèle

La fin de visite signifie également la fin de l'effervescence et le retour au calme. C'est le début d'une autre phase de la vente, trop souvent négligée. Il s'agit à présent d'œuvrer pour faire revenir le client.

Une visite vaut de l'or

Chaque visite est une rencontre ou des retrouvailles. Le relationnel est ce qui rend votre métier qualitatif. Un client ne doit jamais être cet inconnu vite oublié. Il présente un intérêt pour votre marque, parfois une véritable passion pour vos produits et a fait le déplacement pour venir chez vous.

Une première visite réussie sera le début d'une longue relation. Vous aurez grand plaisir à retrouver vos clients. Votre client a sans doute apprécié sa visite – votre suivi personnalisé est attendu. Ce n'est pas au client de maintenir cette relation, mais à vous.

Les marques de luxe investissent autour de 10 % du chiffre d'affaires du point de vente en communication institutionnelle. *Idem* pour bénéficier de la meilleure visibilité et de l'accessibilité de la boutique. Pour embaucher les meilleurs vendeurs pouvant fournir un service de qualité, elles investissent également autour de 10 % du chiffre d'affaires. Il suffit donc de prendre 30 % du chiffre d'affaires d'une boutique, divisé par le nombre de visites, pour obtenir le coût sommaire de ce qui a rendu cette visite possible.

Si le coût est élevé, plus ou moins calculable, la valeur de cette visite est inestimable. En effet, si l'acte d'achat se produit, l'entreprise gagne un client, dont on sera sûr de la fidélité pour les prochains achats ou visites. La fidélisation est une nécessité économique.

L'art relationnel

À l'évidence, il serait insuffisant de se contenter des visites spontanées de votre magasin pour établir une relation continue avec votre clientèle. Il faut conduire une véritable politique de relation que nous appelons l'«art relationnel», dont voici quelques aspects.

Si la vente se réalise au sein de la boutique ou du magasin, il faut savoir, en dehors des rencontres, continuer cette relation, si chèrement acquise et si précieuse, autant pour le conseiller que pour le client, ce dernier appréciant le suivi personnalisé. Si la vente n'a pu se réaliser, il est essentiel de savoir garder le contact, en vue d'une nouvelle visite.

Nous ne détaillons bien évidemment pas ce domaine du relationnel client, mais vous apportons les éléments clés.

Un carnet d'adresses s'alimente

Vos clients du luxe vous donnent leurs contacts par plaisir et refusent par méfiance. Or, ces informations vous sont indispensables. Comment imaginer un vendeur sans carnet d'adresses? En plus des nom et prénom, toute information relevant du contact est à prendre, afin d'enrichir vos possibilités relationnelles :

- téléphone portable du client, de son épouse, secrétaire, chauffeur, etc. ;
- téléphone domicile/bureau ;
- adresse postale domicile/bureau ;
- e-mail ;
- adresse de messagerie instantanée ;
- comptes Facebook, Twitter et LinkedIn ;
- lien social : WhatsApp, WeChat, Line, etc.

C'est d'ailleurs ce dernier qu'il faut désormais privilégier. Savoir sur quelle plateforme sociale s'exprime votre client est presque aussi important qu'avoir son adresse postale.

La clientèle chinoise et WeChat

En Chine, tout se fait aujourd'hui à travers la plateforme de lien (et plus) sur mobile WeChat... Vos clients y communiquent en permanence, affichent leur vie privée et sociale, consomment, commandent un taxi, réservent un restaurant, paient un café, etc. Il ne suffit pas de parler la langue de son client, il faut aussi être sur la même plateforme sociale et en maîtriser les codes.

Vous serez surpris : vos clients vous renseignent plus facilement que vous ne l'auriez imaginé. Il suffit souvent de demander, avec gentillesse et naturel. En cas de refus poli, expliquez les avantages et les offres qui lui seront réservés : un petit cadeau, une invitation à des événements. Bien entendu, face à un refus affirmé, n'insistez pas, mais donnez votre carte de visite.

Faut-il également s'enquérir de la date d'anniversaire et autres données personnelles ? Nous serons ici prudents : il faut se méfier des informations trop personnelles et souvent inutiles. Avec le temps, votre client se révélera à vous, avec plaisir.

La connaissance des clients s'étoffe, s'actualise également au fur et à mesure des visites. Pour une nouvelle visite, vérifiez par exemple le numéro de téléphone portable du client. Enfin, vous serez également surpris par la facilité aujourd'hui de mieux connaître vos clients, à travers la recherche sur Internet à partir des informations dont vous disposez. C'est évidemment à manier avec la plus grande prudence ; mais ignorer cette opportunité vous prive d'une possibilité infinie d'accélérer la connaissance de vos clients.

■ Le digital : puissant outil de lien

Le courrier est aujourd'hui synonyme d'administration et les e-mails évoquent plutôt le travail. Votre lien avec votre client est tout autre : il est celui du plaisir. Nous vous encourageons à être présent sur les quatre ou cinq plateformes de réseaux sociaux, et de façon indispensable WeChat, WhatsApp ou encore Line. Les inscriptions sont gratuites et vous serez surpris par leur utilité.

Il convient néanmoins de bien maîtriser les codes de cette nouvelle communication par instantané :

— Un message envoyé à un client est une prise de parole : faites attention aux horaires, à la longueur du message. Le respect est de rigueur : toute familiarité envers vos clients est bannie.

— Un message reçu d'un client est un don : il faut répondre et encourager cette communication réciproque.

— C'est une communication facile, mais à maîtriser : ne jamais en abuser et ne jamais perdre le lien. Ayez des choses intéressantes à dire, construisez, gagnez la confiance de vos clients.

■ **Une relation se construit**

Ici réside également l'un des aspects les plus importants de votre métier de vendeur du luxe. Vous bâtissez une relation de grande qualité avec vos meilleurs clients et une relation durable avec tous vos clients. C'est à la fois un véritable savoir-faire et un état d'esprit. Sans entrer dans le savoir très étendu de la gestion de la relation client, nous vous proposons de suivre les principes clés suivants, qui doivent guider vos actions :

— La relation doit être continue pour subsister : il est difficile, voire impossible, de recontacter un client si le contact est rompu. Contacter un client qui vous a oublié, c'est l'importuner. Il faut maintenir un rythme de contact approprié, selon le type de produits que vous vendez.

— Pour être valorisée, la relation est basée sur le bénéfice pour le client : à chaque contact, proposez un bénéfice pour le client. Si on l'invite à revenir sur l'espace de vente, dites-lui pourquoi ce sera intéressant pour lui. Il aura bien compris que vous êtes intéressé par les ventes.

— Pour être efficace, la relation est personnelle : combien de fois sommes-nous contactés concernant des produits farfelus ou autres invitations improbables ? Vendeur, lorsque vous avez une proposition à faire, il faut cibler, au risque d'importuner et perdre votre client.

— Préférez des contacts multimodaux : il convient d'adopter différents types de contacts, selon le type de messages que vous voulez faire passer. Réservez le téléphone aux communications importantes. Téléphonez seulement si vous avez quelque chose d'agréable à offrir. Le plaisir doit être au bout du fil. Rappelez-vous au bon souvenir du client *via* des envois d'e-mails et de SMS ou des messages sur les plateformes de médias sociaux. Séduisez-le en utilisant son adresse postale : envoyez-lui de beaux catalogues, des fleurs, et tout ce qui peut faire plaisir.

— Le téléphone doit rester le moyen de proximité, car direct : prendre son téléphone pour appeler un client n'est pas chose aisée — sauf, bien entendu, quand on s'adresse aux rares clients très proches.

Évitez absolument de devenir un téléprospecteur, appelant les clients, parce qu'on vous le demande — c'est inefficace et dangereux pour la crédibilité de la marque, de la boutique. Il faudra prendre le temps pour bien téléphoner : choisir les meilleurs moments pour les clients, prendre connaissance des informations disponibles sur le client avant de l'appeler. Enfin, il faut être disponible, reposé : c'est un acte de vente véritable qui demande énergie et mobilisation de toute l'intelligence du conseiller.

— Vous n'avez rien à offrir ? Abstenez-vous. Chaque contact doit proposer, offrir un service, une opportunité. Vous prenez l'initiative du contact ? Votre client sera particulièrement exigeant.

— Prenez le temps de réfléchir pour soigner votre message : la façon de présenter votre offre doit susciter de l'intérêt. Votre client du luxe, probablement très actif, reçoit des sollicitations en permanence. Par e-mail ou dans un SMS, élaborez un seul message court et tonique : invitation à un lancement, une soirée privée, etc.

Quelques idées pour votre plan relationnel

Le plan relationnel désigne la planification des contacts avec le client, généralement sur une année. Il s'agit d'organiser efficacement les contacts : qui, quand, pourquoi, comment, avec quel budget, pour quels résultats attendus (comment évaluer). Les initiatives sont, au départ, généralement peu coûteuses :

— *Une première visite de votre client ? Remerciez-le le lendemain par écrit : vous vous en souvenez parfaitement, vous appréciez. Pour un client touriste, envoyez un courrier avec un joli timbre de La Poste.*

— *Un premier achat chez vous ? Envoyez un cadeau de remerciement, rappelez le client une semaine après pour vous assurer de la bonne réception, puis un mois après l'achat sous forme de service après-vente.*

— *Votre client habituel vous a fait part de sa passion pour le théâtre : devenez son concierge culturel. S'il s'agit d'un très bon client, vous aurez la courtoisie de l'inviter, en lui offrant les meilleurs sièges.*

Une clientèle se mérite : vous en êtes le dépositaire

Notre expérience de la clientèle fortunée nous l'a prouvé : à chaque attention, vos clients vous le rendent au quintuple, toujours.

Conclusion

Le luxe, nous l'avons rappelé en introduction, fait partie d'une des belles réussites françaises. Pourtant, des esprits chagrins estiment parfois que le luxe ne serait pas indispensable, tandis que d'autres, heureusement, le trouvent tellement indispensable : le luxe participe à cette préservation de notre héritage culturel, des savoir-faire ancestraux, et au rayonnement de la France, sans compter les bénéfices économiques du secteur. Le luxe est également profondément humain : son succès planétaire le prouve ; nous avons tous besoin de plaisir et d'affirmation de soi, à travers l'acquisition de produits raffinés ou de services d'exception.

Quant à vous, conseiller, vous œuvrez dans ce milieu où la qualité des produits et du service est votre quotidien : savourez-vous suffisamment votre chance de pouvoir vivre tous les jours dans cet univers hors de l'ordinaire ?

Vos clients du luxe ne sont ni difficiles ni encore moins impossibles. Au contraire, ils ne demandent qu'à être étonnés, à découvrir, et à se faire plaisir. Ils disposent de bien plus de possibilités que la moyenne de la population, sont très sollicités, et ont déjà, souvent, de fortes connaissances de vos produits et de vos marques. Leurs exigences sont justes ; à vous, à votre marque de vous montrer à la hauteur. Vous faites partie de ces petits moments inoubliables où une personne trouve l'un de ces articles auxquels on s'attache à vie.

Chaque visite est faite de rencontres. C'est d'abord celle du client avec une marque, pour mieux faire sa connaissance afin de se l'approprier. Certains clients ne se révèlent-ils pas à eux-mêmes, à travers l'histoire et les valeurs de la marque ? Elle ne tardera pas à devenir leur Maison préférée. Pensez seulement au bonheur du client qui, enfin, a déniché le produit qui lui plaît parmi tant de produits disponibles. Cette trouvaille l'enchante, il vous en attribue le mérite et vous en sera reconnaissant.

Enfin, vous recevez un client qui revient vous voir. C'est le plaisir des retrouvailles, quand le client devient non pas un ami, mais quelqu'un qui vous fait confiance, qui compte sur vous. Vous avez la chance de vivre une grande richesse relationnelle, soyez généreux : vos clients vous le rendront, soyez-en certains.

L'héritage d'une belle Maison, le savoir-faire des artisans, la qualité de vos produits, la publicité et les opérations de promotions sont indispensables au luxe. Un bon conseiller est à la hauteur de l'attente légitime du client du luxe. Un excellent conseiller sublime : il sait raconter merveilleusement l'histoire de sa marque, faire apprécier toutes les subtilités des produits, servir avec passion et générosité.

Vous êtes l'ambassadeur de la France, de notre luxe si justement envié.

Vous êtes un très bon vendeur, un conseiller apprécié de votre Maison, et, mieux, de vos clients. Vous exercez un grand métier.

Parmi les filières prestigieuses des métiers de la vente, celle à laquelle vous appartenez en tant que conseiller vous situe, aux yeux de beaucoup, parmi l'élite commerciale. C'est de cette élite que l'on attend le plus haut niveau de professionnalisme, car, ne l'oubliez pas, il ne suffit pas de présenter de beaux objets, dont la fabrication est coûteuse, originale et remarquable, pour réussir dans les métiers du luxe. Ces métiers sont soumis, et le seront de plus en plus, à la concurrence internationale et ils rendent indispensable, de la part de leurs acteurs, de soigner la qualité de la relation et de conduire habilement la vente au plus haut niveau.

Postface

La vente de créations de luxe est aujourd'hui confrontée à trois mouvements de fond :

- le développement de la vente en ligne ;
- la mondialisation des acheteurs ;
- la croissance devenue faible du secteur du luxe.

Internet et la vente en ligne

Si la vente en ligne de produits de luxe ne dépasse pas globalement 5 % du chiffre d'affaires de l'ensemble des produits de luxe et ne constituerait ainsi qu'une « concurrence » faible pour la vente en lieux de vente, elle augmentera, notamment sur les produits en ré-achat. Internet « impacte » surtout en phase de pré-achat. Selon une étude du Boston Consulting Group, en 2014, 62 % (contre 53 % en 2013) des achats de produits de luxe ont été réalisés en lien avec l'Internet : commande sur un site, consultation en ligne avant l'achat en magasin. Plus difficilement maîtrisable : les sources d'information ne sont pas toujours identifiables. Les conseillers comme les marques doivent passer beaucoup plus de temps à rechercher ces informations, à les influencer. Comment ?

La mondialisation des acheteurs

Les achats en Europe font partie du plaisir des voyages pour de nombreux consommateurs asiatiques. Sans compter le phénomène délicatement appelé *« cross border »* : des acheteurs semi-professionnels regroupent les achats, profitant des détaxes et des rabais, et voyagent entre les différents continents. Une société en Chine cotée en Bourse s'est même spécialisée dans cette offre de produits de luxe à prix imbattables pour la clientèle chinoise. Si c'est aux marques de mieux maîtriser leur distribution, les conseillers doivent connaître cette réalité et s'y adapter. Comment ?

La faible croissance du secteur

Avec la baisse soudaine de la consommation du luxe des clients chinois, le secteur connaît désormais une croissance faible, voire nulle. Cette perte d'appétit peut être expliquée à notre sens par l'après-effet d'une boulimie certaine, ainsi qu'un manque de désirabilité pour les créations jadis achetées avec frénésie. Il convient de redonner envie, passionner. Comment ?

Vivez pleinement votre métier !

Les clients viendront toujours à votre rencontre si vous savez produire *trois effets.* Il convient de garantir un premier effet, celui de l'***expérience*** : toucher, sentir déjà « vivre » le produit et les services relatifs. Les clients sont également en boutique pour ***échanger*** : apprendre, comprendre. Enfin, il faut de l'***excitation***. Les clients veulent se dépasser, décider, acheter.

Pour chaque conseiller, il s'agira de devenir le grand expert, capable d'apporter de la valeur ajoutée en complément des informations disponibles sur le Net. À chaque rencontre, il faut savoir ici encore produire *trois autres effets.* Il s'agit d'abord d'***exceller*** par rapport aux attentes de vos clients. S'inspirer de cette belle devise de la Maison Piaget : « Toujours faire mieux que nécessaire. » Nous vous invitons également à ***émouvoir*** : l'émotion permet de transcender le fonctionnel. Enfin, ***émerveillez*** vos clients : sortez-les d'un quotidien parfois monotone, créez cette indescriptible joie.

Faites appel à l'intelligence du client, mais, et surtout, attrapez son cœur. Vivez pleinement votre métier, cette extraordinaire chance d'être au contact au quotidien avec l'exceptionnel ! Car vous êtes un créateur de sens, un membre indispensable de cette chaîne d'excellence qu'est le luxe.

Index

Les techniques de la vente

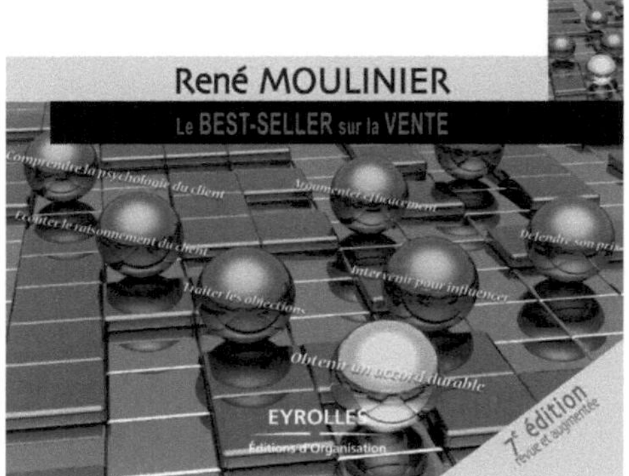